# PAULA MONTI

OU

## L'HOTEL LAMBERT

HISTOIRE CONTEMPORAINE

PAR

## EUGÈNE SÜE

o—o

TOME DEUXIÈME.

o—o

## PARIS

PAULIN, ÉDITEUR

RUE RICHELIEU, 60.

—

1845

# PAULA MONTI

IMPRIMERIE DE GUSTAVE GRATIOT, RUE DE LA MONNAIE, 11.

# PAULA MONTI.

## DEUXIÈME PARTIE.

## CHAPITRE PREMIER.

### LE LIVRE NOIR.

En proposant à madame de Hansfeld de répondre pour elle à M. de Brévannes au sujet de l'entrevue qui devait avoir lieu au Jardin-des-Plantes, non seulement Iris empêchait la princesse de commettre un acte imprudent, mais, à l'insu de celle-ci, elle la rendait complice d'un projet diabolique.

On se souvient sans doute d'un *livre noir* dont Iris avait parlé à M. de Brévannes, et dans lequel, disait-elle, la princesse écrivait presque chaque jour ses plus secrètes pensées.

Rien n'était plus faux.

Jamais Paula n'avait possédé un livre pareil; mais il importait au projet d'Iris que M. de Brévannes crût à ce mensonge, et il devait y croire en reconnaissant dans ce livre une écriture pareille à celle du billet que madame de Hansfeld lui avait fait remettre.

On s'étonnera peut-être de la profonde dissimulation d'Iris et de l'opiniâtre et ténébreuse audace de ses desseins. On comprendra peut-être aussi difficilement son affection sauvage, sa jalousie furieuse, qui tournaient presque à une monomanie féroce.

Malheureusement, les faits principaux de cette histoire, les traits saillants du caractère d'Iris sont d'une grande réalité.

Il s'est trouvé une jeune fille aux passions ardentes, implacables, qui les a réunies, concentrées dans l'attachement aveugle qu'elle avait pour sa bienfaitrice, attachement singulier, qui tenait de la vénération filiale par son religieux dévouement, de la tendresse maternelle par sa familiarité charmante et pure, de l'amour par sa jalousie vindicative.

Si, dans la suite de cette histoire, on trouve chez Iris une assez grande puissance d'imagination jointe à un esprit inventif, rusé, adroit, hardi; si quelques-unes de ses combinaisons semblent ourdies avec une perfidie, avec une habileté ordinairement rares chez une fille de cet âge, nous le répèterons, la solitude avait singulièrement développé ses facultés naturelles, incessamment tendues vers un même but; forcée d'agir seule et à l'ombre de la plus profonde dissimulation, tout moyen lui semblait bon pour arriver à ce terme unique de ses désirs :

*Isoler sa maîtresse de toute affection ;*

Faire, pour ainsi dire, le *vide* autour d'elle, et lui devenir d'autant plus nécessaire que tous les autres attachements lui manqueraient.

Ce dernier vœu d'Iris avait été jusqu'alors trompé.

Sans doute madame de Hansfeld ressentait pour sa demoiselle de compagnie un véritable attachement, lui témoignait une confiance sans bornes, se montrait à son égard affectueuse et bonne ; mais cet attachement ne suffisait pas au cœur d'Iris.

Elle éprouvait d'amers, de douloureux ressentiments de ce qu'elle appelait une déception ; mais comme elle ne pouvait haïr sa maîtresse, son exécration s'accumulait sur les personnes qui inspiraient quelque intérêt à la princesse.

Ces explications étaient nécessaires pour préparer le lecteur aux incidents qui vont suivre.

Dans les deux entretiens qui succédèrent à sa première entrevue avec M. de Brévannes, Iris, d'après l'ordre de Paula, avait tâché de deviner quelles étaient les intentions de cet homme.

Si infâme qu'elle fût, la calomnie qu'il pouvait répandre était redoutable pour madame de Hansfeld. Raphaël avait cru à son abominable mensonge ; comment le monde, ou plutôt M. de Morville (c'était le monde pour Paula), n'y croirait-il pas?

Madame de Hansfeld ne savait que résoudre.

Depuis qu'elle aimait M. de Morville, elle abhor-
rait plus encore M. de Brévannes ; aussi n'eut-elle
pas assez d'indignation, assez de mépris pour qua-
lifier l'audace de ce dernier, lors de ses tentatives
pour obtenir une entrevue avec elle, par l'inter-
médiaire d'Iris. Mais celle-ci fit sagement observer
à sa maîtresse que la colère de M. de Brévannes
serait dangereuse, et qu'au lieu de l'exaspérer il
fallait tâcher de l'éconduire doucement.

Malheureusement l'amour violent et opiniâtre du
mari de Berthe ne s'accommoda pas de ces ménagements. Ainsi qu'on l'a vu lors de son troisième
entretien avec Iris, il lui déclara positivement qu'il
parlerait si la princesse lui refusait plus longtemps
une entrevue.

Iris avait continué de jouer son double rôle pour
augmenter la confiance de M. de Brévannes, fei-
gnant de pas avoir à se louer de sa maîtresse afin
d'éloigner tout soupçon de connivence, et paraissant très flattée des galantes cajoleries de M. de
Brévannes.

Elle lui laissait entendre que madame de Hansfeld semblait éprouver à son égard une sorte de colère mêlée d'intérêt... bizarre ressentiment qu'Iris ne
s'expliquait pas, disait-elle, car elle était censée
ignorer ce qui s'était passé à Florence entre M. de
Brévannes et Paula. Telle était la source des secrètes espérances du mari de Berthe, espérances
nées de son aveugle amour-propre et augmentées
par les fausses confidences d'Iris.

Ceci posé, nous conduirons le lecteur dans la petite maison que possédait M. de Brévannes dans la rue des Martyrs, et qu'il occupait alors tout seul.

C'était le lendemain du jour où Iris lui avait remis le prétendu billet de la princesse. En le recevant, M. de Brévannes avait osé pour la première fois parler du *livre noir*, de son désir de le posséder pendant un moment.

Iris, après des difficultés sans nombre, avait répondu qu'il serait peut-être possible de soustraire ce livre le lendemain, pour quelques heures seulement, la princesse devant aller passer la matinée chez madame de Lormoy, tante de M. de Morville.

M. de Brévannes avait demandé à la jeune fille d'apporter le précieux mémento rue des Martyrs ; il le lirait en sa présence et le lui remettrait à l'instant avec la récompense due à un tel service, récompense qu'elle promit d'accepter pour ne pas éveiller les soupçons de M. de Brévannes.

Ce dernier attendait donc Iris dans le petit salon dont nous avons parlé.

Si l'on n'a pas oublié le caractère de M. de Brévannes, son indomptable opiniâtreté, son orgueil, son acharnement à réussir dans ce qu'il entreprenait ; si l'on pense que sa volonté, son obstination, sa vanité étaient mises en jeu par un amour profond, exalté, contre lequel il se débattait depuis deux ans, on concevra avec quelle violence passionnée il désirait être aimé de madame de Hansfeld, cette femme si séduisante, si enviée, si respectée.

Il était midi. M. de Brévannes attendait Iris avec une extrême impatience dans la petite maison de la rue des Martyrs.

Madame Grassot, gardienne de cette mystérieuse demeure, restait à l'étage supérieur. La jeune fille arriva ; M. de Brévannes courut à sa rencontre.

Iris paraissait tremblante et effrayée. M. de Brévannes la rassura et la fit entrer dans le salon ; elle tenait à la main un petit album relié en maroquin noir et fermé par une serrure d'argent. Frémissant de joie et d'impatience à la vue de ce livret, M. de Brévannes prit sur la cheminée une bague ornée d'un assez gros brillant, la passa au doigt d'Iris, malgré sa faible résistance.

— De grâce, charmante Iris — lui dit-il — recevez ce faible gage de ma reconnaissance. Cette jolie main n'a pas besoin d'ornement, mais c'est un souvenir que je vous demande en grâce de porter... Vous m'avez promis de l'accepter.

— Sans doute... mais je ne sais si je dois... ce diamant...

— Qu'importe le diamant !... c'est seulement de la bague qu'il s'agit.

— Et c'est aussi la bague que j'accepte — dit Iris avec un sourire d'une tristesse hypocrite — puisque ma condition m'expose à de certaines récompenses.

— Si j'ai choisi ce diamant — reprit M. de Brévannes — c'est qu'il offre l'emblème de la pureté et de la durée de ma reconnaissance.

Et il tendit la main vers le livre noir.

— Non, non — dit Iris en paraissant encore combattue par le devoir — cela est horrible... Je me damne pour vous.

— Mais quel mal faites-vous?... c'est tout au plus une indiscrétion... ma chère Iris; puisque votre maîtresse est souvent injuste envers vous, c'est de votre part une petite vengeance permise... et innocente.

— Oh! je suis inexcusable, je le sens... et puis une fois que vous aurez lu ce livre... vous oublierez la pauvre Iris... vous n'aurez plus besoin d'elle... Mais de quoi me plaindrai-je? n'aurez-vous pas d'ailleurs payé ma trahison — ajouta-t-elle avec amertume.

— Cette petite fille s'est affolée de moi — pensa M. de Brévannes — comment diable m'en débarrasserai-je? Est-ce que maintenant qu'elle a ma bague elle ne voudrait plus se dessaisir du livre?

Il reprit tout haut d'un ton pénétré :

— Vous vous trompez, Iris. D'abord, je ne me croirai jamais quitte envers vous... Quant à vous oublier... ne le craignez pas... Pour mon repos, je voudrais le pouvoir... Il faut toute la gravité des choses dont j'ai à entretenir votre maîtresse pour me distraire un peu de mon amour pour vous... Iris, car je vous aime... Mais ne parlons pas de cela

maintenant.... De graves intérêts sont en jeu....
Comment se trouve votre maîtresse ?

— Elle est rêveuse et triste depuis qu'elle vous
a accordé l'entrevue que vous demandiez si im-
périeusement.

— Elle m'y a forcé... J'étais si malheureux de
son refus que je me suis oublié jusqu'à lui faire
cette menace, que je ne regrette plus, car j'ai ainsi
obtenu ce que je désirais dans son intérêt et dans
le mien... Mais elle est rêveuse et triste, dites-vous ?

— Oui... quelquefois elle reste longtemps comme
accablée... puis tout à coup elle se lève impétueu-
sement et marche pendant quelque temps avec agi-
tation.

— Et à quoi attribuez-vous ses préoccupations ?

— Je ne sais...

— Ce livre que vous hésitez à me confier et
que je n'ose plus vous demander nous l'appren-
drait.'

— Oh ! je ne tiens pas à savoir les secrets de la
princesse... C'est pour vous être agréable, pour
vous obéir que j'ai soustrait ce livre... la clef est à
son fermoir, je ne l'ai pas ouvert.

— Eh bien ! ouvrons-le... Maintenant ce que
vous appelez la méchante action est commis. Il ne
s'agit plus que de me rendre un grand service. Hé-
sitez-vous encore ? Je sais que ne n'ai d'autre droit
à cette bonté de votre part que...

— Tenez, tenez, lisez vite — dit Iris en détournant
la tête et en donnant l'album à M. de Brévannes.

— Ce que je fais est infâme ; mais je ne puis résister à l'influence que vous avez sur moi.

— Influence d'une volonté ferme — pensa M. de Brévannes en ouvrant précipitamment le livre noir, où il lut ce qui suit, pendant qu'Iris, accoudée à la cheminée, la figure dans ses mains, et n'ayant pas l'air de voir sa dupe, l'examinait attentivement dans la glace.

## CHAPITRE II.

### PENSÉES DÉTACHÉES.

Iris avait écrit les passages suivants d'une main en apparence émue et mal affermie, comme si les idées se fussent pressées confuses et désordonnées dans la tête de la princesse :

« Je viens de le revoir à la Comédie-Française. Toutes mes douleurs, tous mes regrets se sont réveillés à son aspect.

« Il me poursuivra donc partout... Jamais je n'ai éprouvé une commotion plus violente ; être obligée de tout cacher aux regards pénétrants du monde, aux regards indifférents de mon mari... Est-ce la haine, l'indignation, la colère qui m'ont ainsi bouleversée?

« Oui... n'est-ce pas de la haine, de l'indignation, de la colère que je dois ressentir contre celui qui a tué le fiancé à qui j'étais promise et que j'aimais depuis mon enfance? Ne dois-je pas exécrer celui qui m'a déshonorée par une calomnie infâme?... Oh! oui... je le hais... je le hais, et pourtant!.. »

Ici se trouvaient quelques mots absolument indéchiffrables; ils terminaient ce premier passage, et fournirent à M. de Brévannes le texte d'une foule de conjectures.

Ces mots *et pourtant!* lui semblaient surtout une réticence d'un heureux augure..... il continua.

« J'étais tellement épouvantée de ma pensée de tout à l'heure, que je n'ai osé continuer.... ni confier au papier... Hélas! mon seul confident... ce qui causait mon effroi...

« Je devrais dire ma honte... Quel abîme que notre âme!... quels contrastes!... Oh! non, non; je hais cet homme... Il y a dans la persistance avec laquelle il a poursuivi son dessein quelque chose d'infernal;... et si ce que je ressens à son égard diffère de la haine, c'est qu'un vague effroi se joint à cette haine. Oui, c'est cela sans doute... Et puis il s'y joint encore une sorte de regret de voir une volonté si ferme, une opiniâtreté si grande employées à mal faire, à nuire, à calomnier!

« En se vouant à de nobles desseins quels admirables résultats n'eût-il pas obtenus!...

« Oui, je suis épouvantée quand je songe à l'habileté avec laquelle il est parvenu à s'introduire
autrefois chez nous, à se rendre indispensable à
nos intérêts ; avec quelle dissimulation impénétrable
il m'avait caché son amour... dont il ne m'a parlé
qu'une seule fois ; avec quelle indignation je l'ai
accueilli...

« Ne devais-je pas croire, quoiqu'il m'ait dit le
contraire, que les soins qu'il rendait à ma tante
étaient sérieux ? M'étais-je trompée ? Voulais-je me
tromper à cet égard ?

« L'abominable calomnie dont j'ai été victime
ne m'a pas même instruite de la vérité. Pauvre
tante ! que de chagrins elle m'a causés, sans le savoir !...

« Il n'a manqué à cet homme que de placer
mieux son amour, son dévouement passionné...
Sans doute, il eût vaillamment aimé une femme libre de son cœur..... Mais pourquoi m'a-t-il aimée,
moi ? N'étais-je pas fiancée à Raphaël ? Ne m'avait-
il pas souvent entendu parler de notre prochain
mariage ?.. Et après un premier et dernier aveu...
il a recouru à la plus infâme calomnie pour déshonorer celle à qui une fois, une seule fois, il avait
parlé d'amour...

« Il me semble que je suis soulagée en épan-
chant ainsi les pensées qui me sont si douloureuses... Oui, cela m'aide à lire dans mon cœur...

« Hélas ! j'étais déjà si malheureuse ! avais-je
besoin de ce surcroît de chagrins ?... Oh ! soyez

maudit vous qui m'avez presque forcée à un mariage sans amour... en tuant mon fiancé... que j'aimais tendrement...

« Oui ; je l'aimais d'un attachement d'enfance qui s'était changé avec les années en un sentiment plus vif que l'amitié, mais plus calme que l'amour...

« Quelle est ma vie maintenant ? Horrible... horrible... avec toutes les apparences du bonheur.. si la richesse est le bonheur... A jamais enchaînée à un homme qui bien souvent, hélas! me fait regretter le sort de Raphaël.

Pauvre Raphaël ! mourir si jeune !... Hélas! en provoquant M. de Brévannes, il cédait à un élan de juste et courageux désespoir... Et pourtant son meurtrier a, de son côté, non sans raison, invoqué le droit de légitime défense...

« Il n'importe, Raphaël au moins ne souffre plus; moi je souffre chaque jour; chaque instant de ma vie est un supplice... Que faire ?

« Se résigner.

« Pour sortir de ma douloureuse apathie, il m'a fallu revoir cet homme, qui a causé tous mes chagrins.

« Chose étrange! je m'étais fait une idée tout autre de ce que je devais, selon moi, ressentir à son aspect... Oui, je l'avoue avec horreur (qui saura jamais cet aveu?) mon courroux, mon exécration, ne me semblent pas à la hauteur de ses crimes...

« En vain je maudis ma faiblesse... en vain je me

dis que cet homme m'a calomniée d'une manière infâme ; en vain je me répète qu'il a tué Raphaël, qu'il est presque l'auteur des maux que j'endure... qu'il peut à cette heure me perdre... Et malgré moi j'ai la lâcheté de penser que c'est l'amour que je lui ai inspiré qui l'a plongé dans cet abîme d'horribles actions... Oserai-je le dire ? je suis quelquefois capable de l'excuser. »

M. de Brévannes sentait son cœur battre avec violence, son orgueil effréné, l'aveuglement de sa passion servaient Iris au-delà de toute espérance.

Rien de plus vulgaire, de plus suranné, mais aussi de plus vrai que cet adage : — *On croit ce que l'on désire.*

Dans ces pages qu'il supposait écrites par madame de Hansfeld, M. de Brévannes voyait la preuve d'une impression qui tenait à la fois de la haine et de l'amour, de la terreur et de l'admiration.

Admiration à peine avouée, il est vrai, mais qui, selon la vanité de M. de Brévannes, n'était que de l'amour ignoré ou combattu.

Une circonstance assez étrange, habilement exploitée par Iris, contribuait à augmenter l'erreur de M. de Brévannes : il n'avait fait qu'un seul aveu à Paula, et, d'après les fragments que nous venons de citer, il pouvait croire que celle-ci n'avait pas répondu à sa passion par jalousie des soins apparents qu'il rendait à sa tante, enfin, il pouvait aussi croire son abominable calomnie, sinon oubliée, du moins presque excusée par ces mots prétendus de la princesse :

« C'est l'amour que je lui ai inspiré qui l'a plongé dans cet abîme d'horribles actions ; je me sens quelquefois capable de l'excuser. »

Quant à la mort de Raphaël, que Paula aimait d'un *sentiment plus vif que l'amitié, plus calme que l'amour*, ce meurtre, presque justifié par l'agression de cet infortuné, était, il est vrai, une des causes qui combattaient le plus vivement l'irrésistible penchant de madame de Hansfeld pour M. de Brévannes.

Sans l'autorité du *Livre noir*, il eût fallu un complet aveuglement pour expliquer ainsi la conduite de madame de Hansfeld ; mais M. de Brévannes, croyant lire un écrit tracé par elle, avait trop d'orgueil et d'amour pour ne pas accepter cette interprétation d'ailleurs si naturelle.

Pourquoi M. de Brévannes se serait-il défié d'Iris ? Pourquoi l'aurait-il crue capable d'une si étrange supercherie ? Quant à la princesse, dans quel but aurait-elle écrit ces pages que personne ne devait lire ?

En supposant que, d'accord avec Iris, elle eût autorisé cette communication afin de persuader à M. de Brévannes que ses torts étaient effacés par l'amour, un tel dessein ne pouvait que le flatter.

On comprendra donc qu'il continua la lecture du livre noir avec un intérêt et un espoir croissants.

« Que me veut donc cet homme? Il est parvenu à se ménager une entrevue avec Iris; pauvre enfant, simple et ingénue; il lui a proposé de se charger d'une lettre pour moi, elle a refusé? Que peut-il donc me vouloir?... quelle est donc son audace? comment supporterait-il mon regard?

« Cet homme est fou... qu'a-t-il à me dire? penserait-il à excuser sa conduite? mais je...

« Hier, je n'ai pu continuer; j'ai été interrompue par l'arrivée de mon mari.

« Le prince a donc toute sa vie étudié les effets de la douleur pour porter des coups plus assurés. Mais c'est un monstre... mais il a des raffinements de tortures inouïs... Oh! maintenant, je comprends pourquoi je ne hais pas assez M. de Brévannes... toute ma haine s'est usée contre mon bourreau.

« Et être pour la vie... pour la vie enchaînée à cet homme!... Ne pouvoir briser ces liens odieux... que par la mort...

« Oh! qu'elle me frappe donc, qu'elle me frappe bientôt... puisqu'il faut que l'un de nous deux meure pour rompre cette horrible union, que ce soit moi... plutôt que mon mari... »

M. de Brévannes frémit à ces paroles, et s'écria en s'adressant à Iris :

— La princesse est donc bien malheureuse?

— Bien malheureuse!... — répondit sourdement Iris.

— Son mari est donc sans pitié pour elle?

— Sans pitié...

M. de Brévannes continua de lire :

« Oui, oui, la mort... Je ne mérite pas de vivre...
j'ai été infidèle à la mémoire de Raphaël... je ne
mérite aucune commisération ; si mon mari est un
monstre de cruauté, que suis-je donc moi, qui ne
puis détacher ma pensée de l'homme qui a causé
tous mes maux en tuant mon fiancé !...

« Oh! j'ai honte de moi-même... Il faut que j'é-
crive ces horribles choses... que je les voie, là...
matériellement... sous mes yeux... pour que je les
croie possibles...

« Arriver, mon Dieu! à ce dernier degré d'abais-
sement !

« Est-ce ma faute, aussi? La douleur déprave
tant... Oui... elle déprave, elle rend criminelle...
car quelquefois, brisée par le désespoir, je m'é-
crie : — Puisqu'il était dans la destinée de M. de
Brévannes d'être meurtrier... pourquoi le sort, au
lieu de livrer Raphaël à ses coups, ne lui a-t-il pas
livré mon bourreau? »

Ces pages s'arrêtaient là.

Iris avait voulu sans doute laisser M. de Brévannes réfléchir mûrement sur ce vœu homicide.

Il s'écria vivement en fermant le livre :

— Iris, vous n'avez rien lu de ce qui est écrit
là ?...

La jeune fille parut n'avoir pas entendu ces paroles ; elle regardait fixement M. de Brévannes.

— Iris — reprit-il — vous n'avez rien lu de ces
pages ?...

— Rien... rien — dit-elle en sortant de sa rêverie — que m'importe ce livre?

— Elle ne songe qu'à moi — pensa-t-il — son indiscrétion n'est pas à craindre.

Il referma le livre, le rendit à la jeune fille et lui dit :

— Vous avez, sans le savoir, rendu le plus grand service à votre maîtresse.

— Vous l'aimez? — lui demanda brusquement Iris, en attachant sur lui un regard perçant.

— Moi! — dit M. de Brévannes de l'air du monde le plus détaché — singulière preuve d'amour que de cruellement menacer la femme qu'on aime. Non, non, je n'ai pas d'amour pour elle... l'austère amitié peut seule recourir à des moyens si extrêmes...

— Il faut bien vous croire — dit tristement Iris en reprenant le livre.

— Adieu, Iris, à demain — dit M. de Brévannes; — vous rappellerez bien à madame de Hansfeld l'entrevue qu'elle m'a promise.

Elle n'y manquera pas... Mais j'y songe... au nom du ciel, que rien ne puisse lui faire soupçonner que vous avez lu dans ce livre; je serais perdue.

— Rassurez-vous, ma chère Iris, j'aurai l'air d'être aussi étranger qu'elle à ses pensées les plus secrètes... Rien ne trahira la connaissance que j'en ai. Promettez-moi seulement de m'apporter encore ce livre... il serait pour moi de la dernière importance de le consulter ensuite de l'entrevue que j'aurai demain avec votre maîtresse... Me le promettez-vous?

— Encore mal faire... encore abuser de sa confiance... Ah! maintenant je n'ai plus le droit de me plaindre de son injustice.

— Iris, je vous en supplie...

— Vous me le demandez, n'est-ce pas pour moi plus qu'un ordre.

Dans sa reconnaissance, M. de Brévannes prit la main d'Iris, et, l'attirant près de lui, voulut la baiser au front; la jeune fille le repoussa violemment et fièrement, à la grande surprise de M. de Brévannes, qui croyait combler les vœux de la jeune fille en se montrant si *bon seigneur*.

En arrivant sur le quai, Iris jeta à la rivière la bague qu'elle avait reçue pour prix de sa trahison.

Après avoir attentivement lu le *Livre noir*, M. de Brévannes tomba dans une méditation profonde. Il n'en doutait pas, il était aimé, mais madame de Hansfeld combattait de toutes ses forces ce penchant involontaire.

Son mari la rendait si horriblement malheureuse, qu'elle allait quelquefois jusqu'à désirer sa mort.

Quoique le vœu lui parût toucher à l'exagération, M. de Brévannes regardait toutes ces circonstances comme favorables pour lui, et il attendait avec anxiété le moment du rendez-vous que madame de Hansfeld lui avait donné pour le lendemain au Jardin-des-Plantes.

# CHAPITRE III.

## ARNOLD ET BERTHE.

Madame de Brévannes avait plusieurs fois rencontré chez Pierre Raimond M. de Hansfeld sous le nom d'Arnold Schneider; il avait sauvé la vie du vieux graveur, rien de plus naturel que ses visites à ce dernier.

Berthe ayant résolu de recommencer d'enseigner le piano pour subvenir aux besoins de son père, venait chez lui trois fois par semaine et y restait jusqu'à trois heures pour donner, en sa présence, ses leçons de musique.

On n'a pas oublié que Berthe avait fait sur M. de Hansfeld une impression profonde la première fois qu'il l'avait aperçue à la Comédie-Française. Lorsqu'il la rencontra ensuite chez Pierre Raimond, qu'il venait d'arracher à une mort presque certaine, vivement frappé de la circonstance qui le rapprochait ainsi de Berthe, Arnold y vit une sorte de fatalité qui augmenta encore son amour.

Le charme des manières de M. de Hansfeld,

la grâce de son esprit, ses prévenances respec-
tueuses, presque filiales, pour Pierre Raimond,
changèrent bientôt en une affection sincère la reconnaissance que le vieillard avait d'abord vouée
à son sauveur.

Arnold était simple et bon, il parlait avec un
goût et un savoir infini des grands peintres, objet
de l'admiration passionnée du graveur qui avait
employé une partie de sa vie à reproduire sur le
cuivre les plus belles œuvres de Raphaël, du Vinci
et du Titien ; il avait montré à Arnold ces travaux
de sa jeunesse et de son âge mûr ; Arnold les avait
appréciés en connaisseur et en habile artiste.

Ses louanges ne décelaient pas le complaisant ou
le flatteur ; modérées, justes, éclairées, elles en
étaient plus précieuses à Pierre Raimond, qui avait
la conscience de son art ; comme les artistes sérieux et modestes, il connaissait mieux que personne le fort et le faible de ses ouvrages. Ce n'était
pas tout : Arnold semblait par ses opinions politi-
ques appartenir à ce parti exalté de la jeune Allemagne, qui offre beaucoup d'analogie avec certaines nuances de l'école républicaine.

Grâce à ses nombreux points de contact, la ré-
cente intimité de Pierre Raimond et d'Arnold se
resserrait chaque jour davantage. Ce dernier était
de bonne foi, il ressentait véritablement de l'attrait
pour ce rude et austère vieillard, qui conservait
dans toute leur ardeur les admirations et les idées
de sa jeunesse.

M. de Hansfeld était d'une excessive timidité ; les obligations de son rang lui pesaient tellement que, pour leur échapper, il avait affecté les plus grandes excentricités. Ses goûts, ses penchants se portaient à une vie simple, obscure, paisiblement occupée d'arts et de théories sociales. Aussi, même en l'absence de Berthe, il trouvait dans les deux pauvres chambres de Pierre Raimond plus de plaisir, de bonheur, de contentement qu'il n'en avait trouvé jusqu'alors dans tous ses palais.

S'il avait seulement voulu dissimuler ses assiduités auprès de Berthe sous de trompeuses prévenances envers le graveur, celui-ci avait trop l'instinct du vrai pour ne pas s'en être aperçu, et trop de rigide fierté pour ne pas fermer sa porte à Arnold.

Pierre Raimond n'ignorait pas que son jeune ami trouvait Berthe charmante, et qu'il admirait autant son talent d'artiste que la candeur de son caractère, que la grâce de son esprit.

Dans son orgueil paternel, loin de s'alarmer, Pierre Raimond se réjouissait de cette admiration. N'avait-il pas une confiance aveugle dans les principes de Berthe? Ne devait-il pas la vie à Arnold? Comment supposer que ce jeune homme au cœur noble, aux idées généreuses, abuserait indignement des relations que la reconnaissance avait établies entre lui et l'homme qu'il avait sauvé.

Aux yeux de Pierre Raimond, cela eût été plus

infâme encore que de déshonorer la fille de son bienfaiteur.

Enfin, Arnold avait dit appartenir au peuple, et., dans l'exagération de ses idées absolues, Pierre Raimond lui accordait une confiance qu'il n'eût jamais accordée au prince de Hansfeld.

Berthe, d'abord attirée vers Arnold par la reconnaissance, avait peu à peu subi l'influence de cet être bon et charmant. Il assistait souvent, en présence du vieux graveur, aux leçons de musique de Berthe ; il était lui-même excellent musicien, et quelquefois Berthe l'écoutait avec autant d'intérêt que de plaisir parler savamment d'un art qu'elle adorait, raconter la vie des grands compositeurs d'Allemagne, et lui exposer, pour ainsi dire, la poétique de leurs œuvres et en faire ressortir les innombrables beautés.

Que de douces heures ainsi passées entre Berthe, Arnold et Pierre Raimond ! Celui-ci ne savait pas la musique ; mais son jeune ami lui traduisait, lui expliquait pour ainsi dire la pensée musicale des grands maîtres, l'analysant phrase par phrase, et faisant pour l'œuvre de Mozart, de Beethoven, de Gluck, ce qu'Hoffmann a si merveilleusement fait pour *Don Juan*.

Berthe, profondément touchée des soins d'Arnold pour Pierre Raimond, leur attribuait à eux seuls la vive sympathie qui, chaque jour, la rapprochait davantage du prince. Celui-ci était d'autant plus dangereux qu'il était plus sincère et plus na-

turel; rien dans son langage, dans ses manières, ne
pouvait avertir madame de Brévannes du péril
qu'elle courait.

La conduite d'Arnold était un aveu continuel, il
n'avait pas besoin de dire un mot d'amour; si par
hasard il se trouvait seul avec Berthe, son regard,
son accent étaient les mêmes qu'en présence du
graveur. Celui-ci rentrait-il, Arnold pouvait toujours finir la phrase qu'il avait commencée.

Comment madame de Brévannes se serait-elle
défiée de ces relations si pures et si paisibles? Jamais Arnold ne lui avait dit : Je vous aime ; jamais
elle n'avait un moment songé qu'elle pût l'aimer,
et déjà ils étaient tous deux sous le charme irrésistible de l'amour.

Nous le répétons, par un singulier hasard, ces
trois personnes, sincères dans leurs affections, sans
défiance et sans arrière-pensée, s'aimaient : Arnold aimait tendrement le vieillard et sa fille,
ceux-ci lui rendaient vivement cette affection ;
tous trois enfin se trouvaient si heureux, que par
une sorte d'instinct conservatif du bonheur, ils n'a-
vaient jamais songé à analyser leur félicité, ils en
jouissaient sans regarder en-deçà ou au-delà.

La seule chose qui aurait pu peut-être éclairer
Berthe sur le sentiment auquel son cœur s'ouvrait
de jour en jour, était l'espèce d'indifférence avec
laquelle elle supportait les duretés de son mari ;
elle s'étonnait même vaguement de ressentir alors
si peu des blessures naguère si douloureuses...

Lorsque son père, profondément irrité contre M. de Brévannes, lui avait sérieusement, presque sévèrement demandé compte des procédés de M. de Brévannes, elle n'avait pas menti en répondant que depuis quelque temps elle ne s'en tourmentait plus.

Le vieillard avait eu d'autant plus de foi aux paroles de Berthe, que peu à peu elle redevenait calme, souriante, et que sa physionomie, autrefois si triste, révélait alors la plus douce quiétude.

Peut-être blâmera-t-on l'aveugle confiance de Pierre Raimond ; cette confiance aveugle était une des nécessités de son caractère.

Ces antécédents posés, nous conduirons le lecteur dans le modeste réduit de Pierre Raimond, le lendemain du jour où M. de Hansfeld avait signifié à sa femme qu'elle devait quitter Paris dans trois jours.

## CHAPITRE IV.

### INTIMITÉ.

Un bon feu pétillait dans l'âtre, au dehors la neige tombait et la bise faisait rage ; Pierre Rai-

mond était assis d'un côté de la cheminée, Arnold
de l'autre ; depuis que le prince était amoureux,
ses traits reprenaient une apparence de force et
de santé, quoique son visage fût toujours un peu
pâle.

Une grande discussion s'était élevée entre Pierre
Raimond et Arnold, car pour compléter le charme
de leur intimité ils différaient de manière de voir
sur quelques questions artistiques, entre autres sur
la façon de juger Michel-Ange.

Arnold, tout en rendant un juste hommage à
l'immense génie du vieux tailleur de marbre, ne
ressentait pour ses productions aucune sympathie,
quoiqu'il comprît l'admiration qu'elles inspiraient ;
le goût délicat et pur d'Arnold, surtout épris de la
beauté dans l'art, s'effrayait des sombres et terribles écarts du fougueux Buonarotti, et leur préférait de beaucoup la grâce divine de Raphaël.

Pierre Raimond défendait *son vieux sculpteur*
avec énergie, et il se passionnait autant pour la
fière indépendance du caractère de Michel-Ange
que pour la gigantesque puissance de son talent.

— Votre tendre Raphaël avait l'âme amollie
d'un courtisan — disait le vieillard à Arnold —
tandis que le rude créateur du *Moïse* et de la cha-
pelle Sixtine avait l'âme républicaine ; et il devait
menacer, comme il l'en a menacé, le pape Jules de
le jeter en bas de son échafaudage s'il lui manquait
de respect.

M. de Hansfeld ne put s'empêcher de sourire

de l'exaltation de Pierre Raimond, et répondit :

— Je ne nie pas l'énergie un peu farouche de Michel-Ange; il était, malheureusement, d'un caractère morose, fier, taciturne, ombrageux, altier et difficile.

— Malheureusement!... Qu'entendez-vous par ce mot... malheureusement ?

— J'entends qu'il était malheureux, pour les sincères admirateurs de ce grand homme, de ne pouvoir nouer avec lui des relations agréables et douces.

— Je l'espère bien... Est-ce que vous le prenez pour un Raphaël, pour un homme banal comme votre héros? Car — ajouta le graveur avec un accent de dédain — il n'y avait personne au monde d'un caractère plus facile, plus insinuant, plus aimable que votre Raphaël.

— Vous reconnaissez au moins ses qualités...

— Ses qualités !!! c'est justement à cause de ces *qualités* insupportables que je le déteste comme homme... quoique je le vénère comme artiste.

— Et moi, mon cher monsieur Raimond, c'est justement à cause des défauts du caractère diabolique de Michel-Ange qu'il m'est antipathique, comme homme, quoique je m'incline devant son génie.

— Votre admiration n'est pas naturelle ; elle est forcée... elle est exagérée — s'écria le graveur.

— Comment ! — dit Arnold stupéfait — vous détestez Raphaël à cause de ses qualités... Moi, je n'aime pas Michel-Ange à cause de ses défauts... et vous m'accusez d'exagération ?

— Certainement... on n'est grand homme, on n'est Michel-Ange qu'à certaines conditions. J'admire dans le lion jusqu'à ses instincts sauvages et féroces ; il n'est lion qu'à condition d'être sauvage et féroce, il ne peut avoir les *vertus* d'un *mouton* comme votre Raphaël.

— Mais au moins permettez-moi d'aimer dans Raphaël ces vertus de *mouton*, qui sont, si vous le voulez, les conséquences de sa nature, de son talent...

— A votre aise : admirez, si vous trouvez qu'un tel caractère mérite l'admiration..... Quant à moi, physiquement parlant, je ne mets pas seulement en balance la fade figure du beau, du céleste Raphaël, tout couvert de velours et de broderies, avec le mâle visage de mon vieux Buonarotti, sombre, farouche, hâlé par le soleil, et vêtu d'une souquenille à moitié cachée par son tablier de cuir de tailleur de pierre ! Allons donc ! est-ce que ces deux natures peuvent se comparer seulement ? Ah ! ah ! ah !... quel plaisant contraste !... Je vois d'ici... le divin Raphaël...

— Le divin Raphaël aurait fléchi le genou et respectueusement baisé la puissante main du vieux Michel-Ange, son maître et son aïeul dans l'art — dit doucement Arnold en tendant la main à Pierre Raimond.

— Vous avez raison — reprit celui-ci en répon-

3.

dant avec effusion au témoignage de cordialité de
M. de Hansfeld. — Je suis un vieux fou... aussi
emporté qu'à vingt ans...

A ce moment Berthe entra.

Il eût été difficile de peindre la ravissante expression de sa physionomie en voyant son père et
Arnold se serrer ainsi la main. Ses yeux se rem-
plirent de larmes de bonheur.

— Viens à mon secours, enfant — dit Pierre
Raimond. — Je suis battu... ma folle barbe grise
est obligée de s'incliner devant cette vénérable
moustache blonde... Il reste calme comme la raison, et je m'emporte... comme si j'avais tort...

— Et le sujet de cette grave discussion ? — dit
Berthe en souriant et en regardant alternativement
Arnold et son père.

— Michel-Ange... — dit Pierre Raimond.

— Raphaël... — dit Arnold.

— Comment, monsieur Arnold, vous ne pouvez
pas céder à mon père ?

— Je voudrais bien voir qu'il me cédât sans discussion !... Je ne veux pas qu'il cède... mais qu'il
soit convaincu...

— Quant à cela, monsieur Raimond... j'en
doute... les convictions ne s'imposent pas, et
Raphaël...

— Mais Michel-Ange...

—Allons — dit Berthe — pour vous mettre d'accord, je vais jouer l'air de *Fidelio*, que M. Arnold
aime tant... qu'il vous l'a aussi fait aimer, mon père.

— Avouez, *don Raphaël* — dit en riant le vieillard à Arnold — qu'elle a plus de bon sens que nous.

— Je le crois, seigneur Michel-Ange; madame Berthe sait bien que quand on l'écoute on ne songe guère à parler.

— Oh! monsieur Arnold, je ne suis pas dupe de vos flatteries.

— Pour le lui prouver, mon enfant, commence l'ouverture de *Fidelio* : tu sais que c'est mon morceau de prédilection depuis que notre ami m'én a fait comprendre les beautés.

Berthe commença de jouer cette œuvre avec *amour;* la présence d'Arnold semblait donner une nouvelle puissance au talent de la jeune femme.

Au bout de quelques minutes, M. de Hansfeld parut complétement absorbé dans une profonde et douloureuse méditation; quoiqu'il eût plusieurs fois entendu Berthe jouer ce morceau, jamais les tristes souvenirs qu'il éveillait en lui n'avaient été plus péniblement excités.

Berthe, qui de temps en temps cherchait le regard d'Arnold, fut effrayée de sa pâleur croissante, et s'écria :

— Monsieur Arnold... qu'avez-vous? mon Dieu!... comme vous êtes pâle!

— Votre main est glacée, mon ami — dit Pierre Raimond, qui était assis à côté de M. de Hansfeld.

— Je n'ai rien... rien — répondit celui-ci; — mais je suis d'une faiblesse ridicule... Certains airs

sont pour moi... de véritables dates.. et plusieurs
motifs de *Fidelio*. . se rattachent à un passé bien
triste...

— J'avais pourtant déjà joué ce morceau — dit
Berthe en quittant le piano et en venant s'asseoir
à côté de son père.

— Sans doute... J'étais alors tout au plaisir d'entendre votre exécution. Mais à cette heure, je ne
sais pourquoi... Oh ! pardon... pardon de ne pouvoir vaincre mon émotion...

Et M. de Hansfeld cacha son visage entre ses
mains.

Berthe et le vieillard se regardèrent tristement,
partageant le chagrin de leur ami sans le comprendre.

Après quelques moments de silence, Arnold releva la tête. Il est impossible de rendre l'expression
de tristesse navrante dont son pâle et doux visage
était empreint. Une larme vint aux yeux de Berthe ;
par un mouvement d'ingénuité charmante, elle prit
la main de son père pour l'essuyer.

— Vous souffrez — dit le vieillard à Arnold.—
Que notre amitié n'est-elle plus ancienne ! vous
pourriez peut-être apaiser vos chagrins en les épan-
chant...

— Oh ! bien souvent j'y ai pensé... mais la honte
m'a retenu — dit Arnold avec une sorte d'accablement.

— La honte ! s'écria Raimond avec surprise.

— Ne vous méprenez pas sur ce mot... mon

ami — dit Arnold; — Dieu merci! je n'ai rien
fait dont j'aie à rougir... Seulement, j'ai honte
de ma faiblesse... j'ai honte d'être encore si sen-
sible à des souvenirs qui devraient être aussi
méprisés qu'oubliés.

— Ne craignez rien; nous vous comprendrons...
nous vous plaindrons. Ma pauvre enfant a souvent
aussi bien pleuré ici à propos de souvenirs qui,
comme les vôtres, devraient être aussi méprisés
qu'oubliés.

— Mon père!

— Tenez... Arnold — dit le graveur — si je désire votre confiance, c'est que nous aussi nous au-
rions peut-être de tristes aveux à vous faire...

— Vous aussi, vous avez été malheureux? —
dit Arnold.

— Bien malheureux — répondit le vieillard; —
mais, Dieu merci! ces mauvais jours sont, je crois,
passés. Il me semble que vous nous avez porté
bonheur. Non seulement vous m'avez sauvé la vie,
mais, cette vie, vous me l'avez rendue charmante.
Oui, depuis bien longtemps je n'avais rencontré
personne dont l'esprit eût autant de rapports avec
le mien. Je ne sais quelle est l'influence de votre
heureuse étoile; mais, depuis que nous vous con-
naissons, ma pauvre Berthe elle-même est moins
triste... ses chagrins domestiques semblent adou-
cis... Vous avez enfin été pour nous l'heureux augure d'une vie douce et calme.

— Oh! ce que vous dit mon père est bien vrai,

monsieur Arnold — dit Berthe. — Si vous saviez combien il vous aime ! et lorsque je suis seule avec lui en quels termes il parle de vous !

— C'est vrai — dit le vieillard. — Si vous nous entendiez, vous verriez que vous n'avez pas d'amis plus sincères... Berthe vous est si reconnaissante de ce que vous m'avez sauvé la vie, qu'après moi vous êtes ce qu'elle aime le plus au monde.

— Oh ! oui... pauvre père — dit Berthe en embrassant le vieillard.

M. de Hansfeld écoutait Pierre Raimond avec une vénération profonde. Ce langage franc et loyal était aussi nouveau que flatteur pour lui. Ne fallait-il pas qu'il inspirât une bien noble confiance à Pierre Raimond pour que celui-ci ne craignît pas de lui parler ainsi devant sa fille !

Berthe elle-même, loin de se montrer confuse, embarrassée, semblait confirmer ce que disait son père ; son front rayonnait de candeur et de sérénité.

En présence de cette noble franchise, M. de Hansfeld rougit de sa dissimulation ; il fut sur le point d'apprendre à Pierre Raimond son véritable nom ; mais il redouta l'indignation que cet aveu tardif exciterait peut-être chez le vieux graveur, dont il connaissait d'ailleurs les préventions anti-aristocratiques ; il trouva donc une sorte de *mezzo termine* dans la demi-confidence qu'il fit à Berthe et à son père.

Après quelques moments de silence, il dit à Pierre Raimond :

— Vous avez raison, mon ami... vous m'avez donné l'exemple de la confiance... je vous imiterai... Peut-être vous inspirerai-je un peu d'intérêt par quelques rapports entre ma position et celle de votre fille... car vous m'avez dit que son mariage n'était pas heureux... et c'est aussi à mon mariage que j'ai dû d'atroces chagrins.

— Vous êtes marié ?... si jeune — dit Raimond avec étonnement.

— Depuis deux ans.

— Et votre femme... — dit Berthe.

— Elle est en Allemagne — répondit M. de Hansfeld après un moment d'hésitation.

— Et quelques passages de l'ouverture de *Fidelio* que jouait Berthe vous ont sans doute rappelé de douloureux souvenirs?

— Hélas! oui. Lorsque j'ai connu la femme que j'ai épousée, j'étais dans tout le feu de ma première admiration pour cet opéra de Beethoven... J'ai toujours eu l'habitude d'attacher mes pensées du moment à certains passages de la musique que j'aime... pensées qui, pour moi, deviennent pour ainsi dire les paroles des airs que j'affectionne le plus; eh bien! l'opéra de *Fidelio* me rappelle ainsi toutes les phases d'un amour malheureux.

— Ah! maintenant je comprends votre émotion — dit Berthe en secouant la tête avec tristesse.

— Voyons, mon ami — dit cordialement Pierre Raimond — jamais vous ne parlerez à des cœurs plus sympathiques.

Et M. de Hansfeld raconta ainsi qu'il suit l'histoire de son mariage avec Paula Monti; histoire vraie en tous points, sauf la substitution du nom d'Arnold Schneider à celui de Hansfeld.

---

# CHAPITRE V.

### RÉCIT.

— Orphelin presque en naissant — dit le prince — j'ai été élevé par un vieux serviteur de ma famille. Nous habitions un village retiré, nous y vivions dans une complète solitude. Le pasteur était peintre et musicien; il reconnut en moi quelques dispositions pour ces arts auxquels je consacrais tout mon temps.

Ces premières années de ma vie furent paisibles et heureuses. J'aimais le vieux Frantz comme un père; il avait pour moi les soins les plus tendres; il me reprochait seulement de fuir les exercices violents, de ne sortir de mon cabinet d'études que pour quelques rares promenades dans nos belles montagnes. Je n'avais aucun des goûts de mon âge; j'étais sérieux, taciturne, mélancolique; la musique me causait des ravissements presque extatiques, auxquels je m'abandonnais avec délices... A dix-huit ans j'entrepris avec mon vieux serviteur un voyage en Italie. Pendant deux ans j'étudiai les chefs-d'œuvre des grands maîtres dans les différentes villes où je m'arrêtai, voyant peu de monde et me trouvant heureux de ma vie indolente, rêveuse et contemplative... J'arrivai à Venise ; mon culte pour les arts avait jusqu'alors rempli ma vie, l'admiration passionnée qu'ils m'inspiraient suffisait à occuper mon cœur... A Venise, le hasard me fit rencontrer une femme dont l'influence devait m'être funeste. Cette femme, que j'ai épousée, se nommait Paula Monti...

— Elle était belle ? — demanda Berthe.

— Très belle... mais d'une beauté sombre... Étrange contraste ! j'ai toujours été faible et timide, je me suis épris d'une femme au caractère énergique et viril... C'était mon premier amour... Sans doute j'obéis plus à l'instinct, au besoin d'aimer, qu'à un sentiment réfléchi, et je devins passionnément amoureux de Paula Monti ; elle accueillit mes soins avec indifférence ; je ne me rebutai pas ; elle me semblait très malheureuse. J'eus quelque espoir, je redoublai d'assiduités, et je demandai formellement sa main à sa tante. J'étais riche alors, ce mariage lui parut inespéré ; elle y consentit. J'eus avec Paula une entrevue décisive... Je dois le dire, elle m'avoua qu'elle avait ardemment aimé un homme qui devait être son mari ; et quoique cet homme fût mort, son souvenir vivait encore si présent et si cher à sa pensée, qu'il l'absorbait tout entière, et que mon amour lui était indifférent. Cet aveu me fit mal ; mais je vis dans la franchise de Paula une garantie pour l'avenir ; je ne désespérai pas de vaincre, à force de soins, la froideur qu'elle me témoignait... Elle ne me cacha pas que, sans l'incessante influence d'un passé qu'elle regrettait amèrement, elle aurait peut-être pu m'aimer.

Alors je me laissai bercer des plus folles espérances ; ma passion était vraie... Paula Monti en fut touchée ; mais sa délicatesse s'effrayait encore de la disproportion de nos fortunes. La perte d'un procès venait de complétement ruiner sa famille. Je surmontai ses scrupules ; elle me promit sa main... mais en me répétant encore qu'elle ne pouvait m'offrir qu'une affection presque fraternelle.

Cependant cette froide union fut pour moi un bonheur immense. D'abord mes espérances s'accrurent, à part quelques moments de profonde tristesse, le caractère de Paula était mélancolique, mais égal, quelquefois même affectueux. Déjà j'entrevoyais un avenir plus heureux, lorsqu'un jour... Oh ! non, non, jamais... je n'aurai la force de continuer — reprit le prince en cachant sa figure entre ses mains.

Berthe et son père se regardèrent en silence, n'osant pas demander à Arnold la suite d'un récit qui lui semblait si pénible. Pourtant il poursuivit :

— Pourquoi cacherais-je ses crimes? Mon indulgence n'a-t-elle pas été une faiblesse coupable? Je dois en porter la peine. Nous étions allés passer l'été à Trieste. Depuis-plusieurs jours, Paula se montrait d'une humeur sombre, irritable; je la voyais à peine. Lors de ces accès de noire tristesse, elle ne voulait auprès d'elle qu'une jeune bohémienne qu'elle avait recueillie par charité. Cette pauvre enfant était, par reconnaissance, tendrement dévouée à ma femme.

Pour l'intelligence du récit qui va suivre — continua le prince — il me faut entrer dans quelques particularités minutieuses. Au bout du jardin de notre maison de Trieste était un pavillon où nous allions prendre le thé presque chaque soir. Un soir Paula m'avait à grand'peine promis d'y venir passer une heure... J'espérais ainsi la distraire de ses tristes pensées.

Jamais je n'oublierai l'expression morne et désolée de sa physionomie pendant cette soirée; elle accueillit presque avec colère et dédain quelques mots de tendresse que je lui adressais.

Douloureusement blessé de sa dureté, je sortis du pavillon.

Après quelques tours de jardin, je me calmai peu à peu, me rappelant que Paula m'avait prévenu qu'elle était encore quelquefois sous le coup de souvenirs pénibles. Je rentrai dans le pavillon. Elle n'y était plus. On avait servi le thé pendant mon absence, je trouvai préparée la tasse de lait

sucré que je prenais chaque soir ; je sus gré à Paula
de cette attention dont pourtant je ne profitai pas...
J'avais un épagneul que j'affectionnais beaucoup...
Machinalement je lui présentai la tasse que Paula
m'avait apprêtée ; il la but avidement, et presque
aussitôt le malheureux animal tomba par terre,
trembla convulsivement, et mourut après quelques
minutes d'agonie...

— Oh ! je comprends... mais cela est horrible...
— s'écria Pierre Raimond.

Berthe regarda son père avec surprise.

— Qu'y a-t-il donc, mon père ?... — dit-elle ;
— puis, éclairée par un moment de réflexion, elle
ajouta avec horreur : — Oh ! non, non, c'est impossible... monsieur Arnold... c'est impossible ! une
femme est incapable d'un crime si affreux.

— N'est-ce pas ? — reprit Arnold avec amertume. — Après quelques réflexions, j'ai dit comme
vous... c'est impossible... j'ai attribué au hasard ce
fait effrayant, je me suis même cruellement reproché d'avoir pu un moment soupçonner Paula.

— Et lorsque vous revîtes votre femme — dit
Pierre Raimond — quel fut son accueil ?

— Il fut calme, confiant ; et si j'avais alors con-
servé quelques doutes, ils eussent été à l'instant dis-
sipés : le soir j'avais laissé Paula sombre, presque
courroucée ; le lendemain je la trouvai tranquille,
affectueuse et bonne... elle me tendit la main en
me demandant pardon de m'avoir si brusquement
quitté la veille...

. — C'est d'une inconcevable hypocrisie... — dit
Pierre Raimond.

— Oh! non, non, elle n'était pas coupable, son
calme le prouve — dit Berthe.

— Je pensais comme vous — reprit M. de Hausfeld; — il y avait tant de sincérité dans son accent,
dans son regard; ses paroles étaient si naturelles,
qu'accablé de remords, de honte, je tombai à ses
pieds en fondant en larmes et en lui demandant
pardon... Elle me regarda d'un air surpris. Je
n'osai m'expliquer davantage. Innocente, mon
soupçon était un abominable outrage. Je lui répon-
dis que je craignais de l'avoir contrariée la veille...
Elle me crut, et cette scène n'eut pas d'autre suite.

Comment vous expliquer ce qui se passa en moi
depuis ce jour... Mon fol amour pour Paula augmenta pour ainsi dire en raison des torts que je me
reprochais envers elle; je ne pouvais me pardonner d'avoir osé accuser une femme qui m'avait
donné tant de preuves de franchise.

— En effet — dit Berthe — lorsque vous avez
demandé sa main, pourquoi vous aurait-elle dit
que son cœur n'était pas libre, au risque de manquer un mariage si avantageux pour elle?... Non,
non; elle était innocente de cet horrible crime.

— Et vous n'aviez pas d'ennemis? — dit Pierre
Raimond.

— Aucun, que je sache...

— Mais comment vous êtes-vous expliqué la
mort subite, convulsive, de cet épagneul, mort

dans laquelle se retrouvaient tous les symptômes d'un empoisonnement ?

— Je parvins à m'étourdir sur ce fait inexplicable, à empêcher pour ainsi dire ma pensée de s'y arrêter, tant je voulais croire à l'innocence de Paula. J'expiais douloureusement cet atroce soupçon ; vingt fois je fus sur le point de lui tout avouer ; mais je n'osais pas : son affection pour moi était déjà si tiède, si incertaine... un tel aveu me l'eût à jamais aliénée. Pourtant... pour mon repos, j'aurais dû tout lui dire, car elle commença de trouver quelques-unes de mes paroles étranges ; mes réticences involontaires lui semblèrent incohérentes ; quelquefois, profondément touché d'un mot ou d'une attention tendre de sa part, je m'écriais dans une sorte d'égarement :

— Oh ! je suis bien coupable... pardonnez-moi... j'ai eu tort...

Elle me demandait la signification de ces mots ; je revenais à moi, et au lieu de m'expliquer, je lui réitérais les protestations les plus passionnées... Hélas ! bientôt la pâle affection que j'en avais obtenue par tant de soins, avec tant de peine, fit place à une nouvelle froideur... Elle me regardait quelquefois d'un air inquiet et craintif... ses accès d'humeur sombre redoublèrent... alors aussi... les soupçons que j'avais d'abord si énergiquement repoussés revinrent à ma pensée ; puis je les chassais de nouveau ; quelquefois j'examinais malgré moi avec défiance les mets qu'on me servait ; puis, rougissant de cette crainte si insultante pour Paula, je quittais brusquement la table...

Dans cette lutte sourde et concentrée, ma santé s'altéra, mon caractère s'aigrit ; Paula me témoigna un éloignement de plus en plus prononcé.

— Quelle vie... mon Dieu, quelle vie ! — s'écria Berthe en essuyant ses yeux humides.

— Hélas ! dit M. de Hansfeld, cela n'était rien encore. Nous quittâmes Trieste à la fin de l'automne ; ma femme voulait aller passer l'hiver à Genève, puis venir ensuite en France ; surpris par un orage violent, nous nous arrêtâmes à quelques lieues de Trieste, dans une misérable auberge à la tombée de la nuit. La tempête redoubla de fureur, un torrent que nous devions traverser était débordé ; il fallut nous résigner à passer la nuit dans cette demeure. L'endroit était désert. Il me sembla que le maître de l'auberge avait une figure sinistre. Je proposai à ma femme de veiller le plus tard possible, et de sommeiller ensuite sur une chaise, afin de pouvoir partir avant le jour, dès que les chemins seraient praticables. Notre suite se composait de deux domestiques à moi et de la jeune fille qui accompagnait Paula. J'avais pour cette enfant toutes les bontés possibles, je savais en cela plaire à ma femme ; d'ailleurs, Iris (c'est le nom de cette bohémienne) m'était presque aussi dévouée qu'à sa maîtresse. Nous occupions pendant cette nuit fatale... oh ! bien fatale... une petite chambre dont l'unique porte ouvrait sur un cabinet où se trouvait Frantz,

mon vieux serviteur... Paula ne pouvait cacher son
effroi ; le vent semblait ébranler la maison jusque
dans ses fondements ; nous veillâmes tous deux assez
tard. Seuls dans cette chambre, je m'étais assis sur
un mauvais grabat, pendant que ma femme reposait dans un fauteuil. Je succombai au sommeil,
malgré tous mes efforts.

J'ignore depuis combien de temps je dormais,
lorsque je fus brusquement éveillé par une douleur
aiguë à la partie interne du bras gauche. L'obscurité la plus profonde régnait dans cette pièce. Mon
premier soin fut de saisir la main que je sentais peser sur moi... Cette main frêle et délicate tenait
un stylet très aigu...

— Mon Dieu ! — s'écria Berthe épouvantée en
joignant les mains.

— Encore... une tentative... mais cela est ef-
froyable — dit Pierre Raimond.

Arnold continua :

— Grâce à l'obscurité, on avait enfoncé le stylet
entre mon corps et mon bras gauche, étroitement
serré contre moi. A la légère résistance que rencontra la lame en glissant dans cet étroit inter-
valle, on dut croire qu'elle pénétrait dans ma poi-
trine. Cette erreur me sauva ; j'en fus quitte pour
une légère blessure au bras.

— Quel bonheur ! — dit Berthe.

— Je vous l'ai dit, mon premier mouvement en
m'éveillant fut de saisir la main que je sentais peser
sur moi ; tout-à-coup cette main devint glacée ;

j'étendis l'autre bras, je touchai une robe de femme... Je sentis un parfum léger, mais pénétrant, dont se servait habituellement Paula... Une épouvantable idée me traversa l'esprit... Je me rappelai le poison de Trieste... Je n'eus plus aucun doute... Cette révélation fut si foudroyante que je ne sais ce qui se passa en moi ; ma raison s'égara'; pendant quelques secondes, je me crus le jouet d'un horrible songe... Durant cet instant de vertige, la main que je tenais s'échappa sans doute... Quand je revins à moi, j'étais seul, toujours dans les ténèbres : — Frantz... Frantz... m'écriai-je en frappant à la cloison qui séparait ma chambre du cabinet où était mon domestique. Frantz ne dormait pas ; en une minute il entra tenant une lampe à la main.

— Et votre femme ? — s'écria Berthe.

— Figurez-vous ma surprise... ma stupeur... c'était à douter de ma raison ; Paula était profondément endormie dans un fauteuil auprès de la cheminée.

— Elle feignait de dormir... — s'écria Pierre Raimond.

— Je vous dis que c'était à devenir fou ; elle dormait, ou plutôt elle simulait si parfaitement un profond et paisible sommeil, que sa respiration douce, régulière, n'était pas même accélérée par la terrible émotion qu'elle devait ressentir ; sa figure était calme ; sa bouche légèrement entr'ouverte ; son teint faiblement coloré par la chaleur

4.

du sommeil ; et sa physionomie, ordinairement sé-
rieuse, était presque souriante.

— Mais cela est à peine croyable — s'écria
Pierre Raimond ; — comment ! votre femme dormait paisiblement après une pareille tentative ?

— Son sommeil était, vous dis-je, d'une sérénité
si profonde, que je ne pouvais non plus en croire
mes yeux. Debout, pâle, immobile, je la contem-
plais d'un air hagard.

— Et il n'y avait pas d'autre femme que la vôtre
dans cette auberge ? — demanda Berthe.

— Il n'y avait qu'elle.

— Et cette jeune fille, cette bohémienne ? — dit
Pierre Raimond.

— Elle était couchée dans une pièce qui donnait
sur la chambre où veillait Frantz ; il ne dormait
pas, il avait de la lumière, il était impossible d'entrer chez nous sans qu'il le vît.

— Il faut donc le croire... cette fois, c'était bien
elle, — dit Berthe. — Un tel crime est-il possible,
mon Dieu !

— Une dissimulation pareille m'épouvante encore plus que le crime — dit Pierre Raimond.

— Une dernière preuve d'ailleurs ne me laissait presque aucun doute — dit Arnold. — Sur le
plancher, aux pieds de ma femme, je reconnus une
dague florentine, arme précieuse, ciselée par Ben-
venuto Cellini, qui avait été, je crois, léguée à
Paula par son père.

— Dès lors vous n'avez plus gardé aucun mé-

nagement !—s'écrià le graveur ; — et c'est ensuite
de ce nouveau crime que vous avez relégué cette
infâme en Allemagne.

— Si j'hésitais à vous raconter cette horrible
histoire, mon ami — reprit le prince d'un air
confus — c'est que j'avais la conscience de ma
faiblesse, ou plutôt de l'inexplicable influence que
Paula conservait sur moi...

— Comment ! après cette nouvelle tentative...

— Oh ! si vous saviez ce qu'il y a d'affreux dans
le doute...

— Mais ce coup de poignard ? — dit Pierre
Raimond.

— Mais ce sommeil si profond ? mais ce réveil si
doux, si paisible ?

— Lorsqu'elle vous vit blessé, que dit-elle ? —
— s'écria Berthe.

— Vous peindre son angoisse, sa stupeur, ses
soins empressés, me serait impossible. De l'air
du monde le plus naturel, elle s'écria qu'il fallait
faire partout des perquisitions. Elle avait aussi remarqué la veille la sinistre physionomie du maître
de cette auberge; comme moi elle s'épuisait en
vaines conjectures. Frantz affirmait n'avoir vu passer personne, et qu'on avait dû s'introduire par une
fenêtre qui s'ouvrait sur un balcon ; mais cette fenêtre se trouva parfaitement fermée. L'accent de
Paula fut si naturel, que mon vieux serviteur, qui
ne l'aimait pas, qui avait vu mon mariage avec peine,
n'eut pas un instant la pensée d'accuser ma femme.

— Mais cette petite main frêle que vous avez saisie?... mais cette senteur de parfum particulière à votre femme ? — s'écria Pierre Raimond.

— Je vous le répète... ma raison s'égarait dans ce dédale de contradictions singulières. Paula, aidée de Frantz, voulut elle-même panser ma blessure; rien dans ses manières, dans son langage, n'était affecté.

— Commettre un tel crime et faire montre de tant d'hypocrisie... c'était là le comble de la scélératesse — dit le graveur.

— Sans doute, et la monstruosité même d'un tel caractère éveillait encore mes doutes, malgré l'évidence. Pour comble de fatalité, l'aula, soit intérêt, soit pitié, soit calcul, ne s'était jamais montrée plus affectueuse, je dirais presque plus tendre, qu'en me prodiguant les premiers soins après cet accident.

— Ruse, ruse infernale ! — s'écria Pierre Raimond.

— C'était peut-être le remords de son crime — dit Berthe.

— Mon malheur voulut que j'hésitasse tour à tour entre ces convictions si diverses... Il eût été moins funeste pour moi de croire Paula tout-à-fait coupable ou tout-à-fait innocente; mais au contraire... par une inconcevable mobilité d'impressions, je passais tour à tour envers elle de l'amour passionné à des accès de haine et d'horreur ; mes angoisses de Trieste n'étaient rien auprès des tortures que j'endurais alors... Une tête plus faible que la mienne n'eût pas résisté à ces secousses. Quelquefois, après avoir témoigné à ma femme, par quelques paroles incohérentes, la terreur qu'elle m'inspirait, réfléchissant que, malgré d'effrayantes apparences, je n'avais pas de certitude réelle et que je me trompais peut-être, je poussais des sanglots déchirants en lui demandant pardon. Elle finit par croire ma raison égarée... Que vous dirai-je... je trouvai d'abord une satisfaction amère à laisser prendre quelque consistance à ce bruit, puis à l'augmenter et à l'accréditer par des bizarreries calculées. Le monde m'était odieux, je voulais ainsi échapper à ses exigences. Ce n'était pas tout : dès qu'on me crut sujet à des moments de folie, je pus, à l'abri de ce prétexte, me livrer sans scrupule à mes accès de méfiance, sans que mes précautions, ainsi attribuées à un dérangement d'esprit, pussent compromettre ou accuser ma femme. Tantôt, croyant ma vie menacée, je m'enfermais seul pendant des journées entières, ne mangeant que du pain et des fruits que mon fidèle Frantz allait m'acheter lui-même; et encore souvent, dans ma terreur insensée, je n'osais pas même toucher à ces aliments... D'autres fois, rougissant de mon effroi, convaincu de l'innocence de Paula, je revenais à elle avec un repentir déchirant; mais son accueil était glacial, méprisant.

— Pauvre Arnold ! — dit Pierre Raimond avec émotion, — Sans doute vous êtes faible; mais cette faiblesse même dérivait d'une noble source... vous craigniez d'accuser injustement Paula. En effet, c'est quelque chose d'effrayant que de dire à quelqu'un, et cela sans preuves certaines : Vous êtes homicide... vous avez voulu deux fois m'assassiner...

— N'est-ce pas ? surtout lorsqu'il s'agit d'adresser ces foudroyantes paroles à une femme que l'on a passionnément aimée, surtout lorsqu'à côté de preuves matérielles presque irrécusables, il est pour ainsi dire d'autres preuves morales toutes contraires ; lorsqu'enfin quelquefois une voix secrète, une révélation occulte, vous dit avec une irrésistible autorité : Non, cette femme n'est pas coupable... Oh ! je vous l'assure, c'était un enfer... un enfer...

—Maintenant — dit Berthe — je conçois que vous ayez feint d'être insensé.

— Mais — dit Pierre Raimond — une dernière tentative ne vous a laissé aucun doute...

—Aucun cette fois... Le crime me parut avéré... ou plutôt, comme mon amour s'était usé et éteint dans ces luttes, dans ces angoisses continuelles, j'ai eu cette fois plus de courage que je n'en avais eu jusque-là.

— Vous ne l'aimez plus, enfin ? — dit Berthe.

— Non, car, en admettent même que j'eusse été aussi insensé que je le paraissais, je méritais au moins quelque pitié, quelque intérêt... et ma femme ne m'en témoignait aucun. Profitant de la solitude où je vivais (nous habitions alors une grande ville),

elle courait les fêtes et s'informait à peine de moi.
Cette dureté de cœur me révolta... Ou ma femme
était coupable, et ma générosité à son égard aurait dû toucher l'âme la plus perverse; ou elle était
innocente, alors les accès de douleur auxquels je
me livrais après l'avoir vaguement accusée auraient
dû l'émouvoir.

— Mais pourquoi n'avez-vous jamais, avec elle,
abordé franchement cette question? Pourquoi n'a-
voir jamais nettement formulé vos reproches?—dit
Pierre Raimond.

— Songez-y; il me fallait lui dire : — Je vous
soupçonne, je vous accuse d'avoir voulu m'assassiner deux fois... Ne pouvais-je pas me tromper?

— En effet, cette position était affreuse — dit
Berthe. Et le dernier trait qui a amené votre séparation, quel est-il?

— Il y a très peu de temps de cela — dit M. de
Hansfeld en baissant les yeux. — J'occupais avec
ma femme une maison isolée : je ne sais pourquoi
mes soupçons étaient revenus avec une nouvelle
violence ; je sortais rarement de mon appartement.
Quelquefois pourtant, le soir, je montais à un petit
belvédère situé au faîte de notre demeure; c'était
une espèce de terrasse très élevée, entourée d'une
légère grille à hauteur d'appui, sur laquelle je m'ac-
coudais ordinairement pour regarder au loin les
tristes horizons que présente une grande ville pendant la nuit; je passais là quelquefois de longues
heures dans une rêverie profonde. Un soir, la Pro-

vidence voulut qu'au lieu de m'accouder et de me
pencher comme d'habitude sur la balustrade... j'y
posai la main... A peine l'eus-je touchée que, à
mon grand effroi, elle céda et tomba avec un fracas
horrible...

— Ciel!— s'écria Berthe.

— La hauteur était si grande que cette grille de
fer fut brisée en morceaux en tombant sur le pavé.

— Quelle atroce combinaison! —dit Pierre Raimond en levant les mains au ciel.

— Ma mort était inévitable si je me fusse appuyé
sur cette rampe... Qui pouvais-je accuser, si ce
n'est Paula ? Personne n'avait d'intérêt à ma mort.
Ignorant qu'une faillite m'avait enlevé presque
toute ma fortune, elle se souvenait sans doute que
dans des temps plus heureux je lui avais fait dona-
tion de mes biens. Cette idée ne m'était jamais venue tant qu'avait duré mon amour... Il m'a toujours semblé impossible de soupçonner d'une infamie
les gens que j'aime... J'aurais pu, à la rigueur,
croire ma femme capable d'obéir à un mouvement
de haine insensée, mais non d'agir par un calcul si
lâche et si odieux ; pourtant, une fois mon amour
éteint, en présence de ce nouveau piége si meurtrier, je ne reculai devant aucune supposition. Seulement, pour éviter de tristes scandales, je me con-
tentai de déclarer à Paula qu'elle quitterait à ·
l'instant la ville que nous habitions, que je ne la
reverrais jamais, et que j'étais assez indulgent, ou
plutôt assez faible pour la livrer à ses seuls re-

mords... Que vous dirai-je de plus! à quoi bon
vous indigner en vous parlant de l'audace avec laquelle cette femme brava mes reproches, de l'horrible hypocrisie avec laquelle elle affecta de les
attribuer à l'égarement de ma raison. Tant de cy-
nisme et d'effronterie me révolta... je la quittai...
De ce moment ma vie fut bien triste... mais au
moins j'étais délivré d'une horrible appréhension.

Quelque temps après je vous rencontrai —
ajouta M. de Hansfeld en tendant la main à Pierre
Raimond. — Tout à l'heure vous parliez d'heureuse étoile... Vous aviez raison, la mienne m'a
fait me trouver sur votre chemin... avant d'avoir
eu le bonheur de vous sauver la vie, j'étais seul,
abattu et sous le coup de bien amers souvenirs;
tout a changé pour moi, j'ai trouvé en vous un ami;
mes chagrins sont passés, et si je pouvais compter
sur la durée de nos relations, je n'aurais été de ma
vie plus heureux...

— Et pourquoi, mon ami, ces relations vous
manqueraient-elles jamais? Le charme du com-
merce des honnêtes gens est dans sa sûreté : qui
pourrait altérer notre amitié? N'est-elle pas basée
sur des services rendus, sur des services réciproques? N'est-elle pas également chère à ma fille, à
vous, à moi?.... Et puis enfin les tristes motifs qui
nous font trouver dans cette intimité si douce une
sorte de refuge contre des pensées cruelles, ces
motifs existeront toujours : pour vous, ce sont les
crimes de votre femme ; pour Berthe, la cruelle

conduite de son mari; pour moi, le ressentiment des chagrins de mon enfant...

— Vous avez raison, nous n'avons pas le droit de douter de l'avenir..

— Mon Dieu! que vous avez dû souffrir, monsieur Arnold — dit tristement Berthe.

— Si vous avez témoigné quelque faiblesse — dit Pierre Raimond — votre conduite a été admirable de mansuétude... C'est le propre d'une âme pleine de délicatesse et d'élévation que de s'imposer les cruelles tortures du doute plutôt que de risquer un reproche... terrible... bien terrible... si contre toute probabilité votre femme eût été innocente... Ce long récit de vos infortunes me donne de nouvelles preuves de la bonté de votre cœur ; et comme on a toujours les défauts de ses qualités, je trouve même dans l'espèce de faiblesse qu'on pourrait vous reprocher une preuve de délicatesse exquise.

— Vous êtes trop indulgent, mon ami...

— Je suis juste... et aussi peu flatteur que Michel-Ange... Est-ce bien cela — ajouta le vieillard en riant.

— Voici l'heure de mes leçons — dit Berthe; — cette triste confidence finit à temps; j'en suis tout attristée. Ah! monsieur Arnold, quelles souffrances!... Il vous faudra bien du bonheur pour les oublier...

A ce moment deux écolières de Berthe arrivèrent et rompirent la conversation.

M. de Hansfeld quitta Pierre Râimond et sa fille, un peu soulagé par l'aveu qu'il venait de leur faire, mais regrettant encore l'incognito qu'il gardait envers eux.

Désirant avant tout éloigner sa femme, qu'il voulait faire partir le lendemain, M. de Hansfeld revint à l'hôtel Lambert.

---

# CHAPITRE VI.

## MENACES.

Madame de Hansfeld se trouvait dans une cruelle perplexité : son mari exigeait d'elle qu'elle partît le lendemain pour l'Allemagne; il lui fallait ainsi renoncer à M. de Morville, nécessairement retenu à Paris par la santé chancelante de sa mère.

L'éloignement de Paula pour le prince se changeait en aversion, en haine profonde ; elle croyait ce sentiment presque excusé par les bizarreries et par les duretés de son mari. Le dernier coup qu'il lui portait était surtout affreux ; la forcer de quitter Paris au moment même où sa passion pour M. de

Morville, si longtemps cachée, si longtemps combattue, allait être aussi heureuse qu'elle pouvait l'être.

Iris, en révélant à sa maîtresse que le prince se rendait souvent chez Pierre Raimond, sous un nom supposé, pour y rencontrer madame de Brévannes, avait excité la colère de Paula contre Berthe; c'était sans doute pour garder plus facilement un incognito qui favorisait son amour que le prince exigeait le départ de madame de Hansfeld.

Après de mûres réflexions, Paula crut entrevoir quelque chance de salut dans la passion même de son mari pour madame de Brévannes.

Malgré l'ordre du prince, madame de Hansfeld n'avait annoncé son départ à personne, et ne se préparait nullement à ce voyage, espérant que peut-être son mari renoncerait à sa première détermination. Quant à ses menaces de dévoiler les crimes de sa femme et de l'abandonner à la justice des hommes, Paula n'y avait vu qu'une nouvelle preuve de l'aberration de l'esprit d'Arnold.

Jusqu'alors les différents accès de ce qu'elle appelait la *folie* de M. de Hansfeld lui avaient presque inspiré autant de commisération que d'effroi. Mais dans son dernier entretien, le prince s'était montré si dur, si injuste, elle se voyait si cruellement sacrifiée à l'affection qu'il ressentait pour Berthe, que, blessée dans ce qu'elle avait de plus précieux au monde... son amour pour M. de Morville, Paula partageait sa haine entre son mari et madame de Brévannes.

Telles étaient les réflexions de madame de Hansfeld, lorsque le prince entra chez elle; il sortait de chez Pierre Raimond; son air était encore plus ferme, encore plus impérieux que la veille.

— Il me semble, madame, que vous ne vous hâtez pas de faire vos préparatifs de départ — lui dit-il sèchement. — Du reste, comme vous ne verrez et ne recevrez personne au château de Hansfeld, où je vous envoie, vous n'avez pas besoin d'un grand attirail de toilette... Vous pouvez emporter vos diamants... je vous les abandonne... Frantz, que je charge de vous conduire en Allemagne, est incorruptible... Si j'avais pu hésiter à vous laisser ces pierreries... c'aurait été dans la crainte de vous donner les moyens de gagner votre guide...

Madame de Hansfeld interrompit son mari :

— Je vous remercie, monsieur, de me procurer cette occasion de vous rendre ces pierreries.

Et, se levant, elle alla prendre dans un secrétaire un grand écrin qu'elle remit au prince.

— J'ai autrefois accepté ces présents.... depuis longtemps j'aurais dû les remettre entre vos mains.

— Soit — dit le prince en les prenant avec indifférence; — la tendresse la plus vive, l'affection la plus dévouée n'ont pu vous désarmer... ma générosité devait être aussi impuissante... Il est vrai — ajouta-t-il avec un sourire de mépris écrasant — que j'avais par contrat disposé en votre faveur de la plus grande partie de ma fortune..., et qu'a-

près ma mort vous héritiez de tout... des pierreries comme du reste...

— Monsieur...

— Seulement, comme vous m'avez paru un peu
pressée de jouir de ces avantages, j'ai trouvé
moyen, en dénaturant une partie de ma fortune,
de neutraliser ces dons d'autrefois... Je vous dis
cela pour vous convaincre que si je mourais demain... vos espérances intéressées seraient dé-
çues. J'aurais dû vous prévenir plus tôt... cela
vous eût évité... quelques actions un peu *hasar-
dées* que votre vif désir d'être veuve explique,
mais n'excuse pas — ajouta M. de Hansfeld avec
une sanglante ironie.

Ces mots cruels firent une étrange impression
sur madame de Hansfeld.

Parfaitement indifférente aux reproches qu'ils
renfermaient et qu'elle ne comprenait pas, car elle
ne les méritait en rien, elle ne fut frappée que de
leur injustice et de leur cruauté.

M. de Hansfeld fût alors tombé mort à ses pieds
qu'elle aurait été loin de le regretter; car à ce moment même elle se souvint que M. de Morville
lui avait écrit : *Mon amour sera toujours malheureux, puisque je ne puis prétendre à votre main.*

Néanmoins la princesse eut bientôt honte et
horreur de sa pensée, ou plutôt de son vœu barbare; elle répondit froidement à son mari:

— Je ne veux pas comprendre le sens de vos paroles, monsieur; il est si odieux qu'il en est

ridicule. Quant à la question d'intérêt, vous le savez... c'est contre mon gré que vous m'avez si magnifiquement avantagée; je trouve naturel que vous reveniez sur ces dispositions.

— Tant d'hypocrisie dans les paroles, tant d'audace dans les actions les plus criminelles — dit le prince à demi-voix et comme s'il se fût parlé à lui-même — voilà ce qui confondait ma raison et me faisait toujours douter des crimes de cette femme. Heureusement, à cette heure, elle est dévoilée tout-à-fait... car mon fatal amour est éteint...

Puis il reprit en s'adressant à Paula :

— Je suis venu ici, madame, pour vous ordonner de presser les préparatifs de votre départ. Il faut que demain soir vous ayez quitté Paris...

— Monsieur... je ne quitterai pas Paris...

— Vous préférez alors que je parle, madame?

— Voilà plusieurs fois que vous me faites cette menace, monsieur... Pour l'amour du ciel, parlez donc... je saurai enfin ce que vous avez à me reprocher...

— Vous comptez trop sur le respect que j'ai pour mon nom et sur ma crainte d'un terrible scandale. Prenez garde... ne me poussez pas à bout. Croyez-moi, partez... partez...

— Franchement, monsieur, je ne suis pas votre dupe... vous voulez m'effrayer... me forcer de quitter Paris... et pourquoi? pour faire croire aussi à votre départ et conserver ainsi plus facilement votre incognito...

— Que dites-vous, madame?

— Et continuer, grâce à cet incognito, à être favorablement accueilli par Pierre Raimond, père de madame de Brévannes...

— Madame, prenez garde...

— De madame de Brévannes dont vous êtes épris... et que vous rencontrez souvent chez son père.

A ces mots, le prince resta frappé de stupeur, son pâle visage devint pourpre; après un moment de silence, il s'écria :

— Pas un mot de plus, madame... pas un mot de plus.

— Vous aimez cette femme — ajouta madame de Hansfeld.

— Pas un mot de plus, vous dis-je, madame.

— Ainsi, elle vous donne déjà des rendez-vous chez son père; c'est un peu prompt — ajouta madame de Hansfeld avec mépris.

— Vous êtes indigne de prononcer seulement le nom de cet ange!... — s'écria le prince.

— Vraiment; eh bien! je suis curieuse de savoir ce que le mari de cet *ange* pensera de vos entrevues avec sa femme.

— Vous oseriez?...

— Surtout lorsqu'il saura que c'est sous un nom supposé que vous vous introduisez chez Pierre Raimond.

— Mais vous avez donc juré de me mettre hors de moi!... s'écria le prince avec rage. — Vous parlez de folie... mais c'est vous qui êtes folle, malheureuse femme, de jouer ainsi que vous le faites avec votre destinée.

— L'avenir prouvera qui de vous ou de moi est insensé, monsieur. Il y a longtemps d'ailleurs que vous m'avez habituée aux égarements de votre raison... je ne sais si à cette heure même vous êtes dans votre bon sens. En tout cas, retenez bien ceci : je vous déclare que si vous vous obstinez à me faire quitter Paris... je fais tout savoir à M. de Brévannes.

— Silence, madame... silence.

— Soit, je me tairai... mais vous savez à quelles conditions.

— Des conditions à moi... vous osez m'en imposer...

— Je l'ose, car je veux croire qu'à part votre monomanie de m'adresser des reproches incompréhensibles, vous êtes ordinairement un homme de bon sens... Nous avons des motifs de nous ménager mutuellement sur certains sujets... Votre raison n'est pas très saine, je pourrais me mettre sous la protection des lois ; mais il me répugnerait d'attirer l'attention publique par un procès contre vous et de livrer à la malignité des curieux les secrets de notre intérieur... Vous devez craindre de votre côté que M. de Brévannes n'apprenne que vous vous occupez de sa femme... restons donc dans les termes où nous sommes... Je n'ai aucune prétention sur votre cœur... le mien ne vous a jamais

5.

appartenu, agissez donc librement... S'il vous est même nécessaire de feindre une absence, je consens à me prêter à cette supercherie et à dire que vous avez quitté Paris... Tout ce que je vous demande en retour, monsieur, c'est de me permettre de rester ici quelque temps... mes prétentions, je crois, ne sont pas exorbitantes.

M. de Hansfeld était stupéfait de l'assurance de Paula. Malheureusement pour lui, elle possédait un secret qu'il tremblait de voir ébruiter. Cette considération, plus que la crainte des scandales d'un procès, suffisait pour le mettre jusqu'à un certain point dans la dépendance de sa femme.

Il est impossible de peindre ses regrets de savoir la princesse instruite des visites qu'il rendait à Pierre Raimond et du motif qui l'attirait chez le graveur. La réputation de Berthe était, pour ainsi dire, à la merci d'une femme pour laquelle Arnold ressentait autant de mépris que d'horreur.

Sans doute la conduite de madame de Brévannes était irréprochable ; mais le moindre soupçon, mais la simple découverte du véritable nom du prince suffirait pour exciter la défiance de Pierre Raimond, l'empêcher de recevoir désormais Arnold Schneider... d'un mot la princesse pourrait soulever ces orages !

Qu'on juge de la colère du prince, il se trouvait presque sous la domination de Paula.

Celle-ci triomphait ; elle sentait la force de sa position : gagner du temps, rester à Paris, voir quelquefois M. de Morville, lui écrire souvent, après lui avoir peut-être avoué qu'il ne s'était pas trompé sur l'auteur de la mystérieuse correspondance dont nous avons parlé... tel était le vœu le plus ardent de madame de Hansfeld ; et, grâce au secret qu'elle possédait, elle pouvait réaliser ce vœu.

Elle profita de l'espèce d'accablement de son mari pour ajouter :

— Cela est convenu, monsieur, vous emportez vos pierreries. Je renonce à tous les avantages que vous m'avez faits ; mon seul but est de vivre aussi éloignée et séparée de vous qu'il me sera possible... plus encore même, si cela se peut, que par le passé... mon silence est à ce prix... Vous le voyez, monsieur... vous êtes venu ici la menace aux lèvres... Les rôles sont changés.

— Non ! —s'écria le prince dans un accès d'indignation violente — non, la femme qui a trois fois attenté à mes jours n'osera pas tenir un tel langage... et me menacer ! moi... moi, dont la clémence a été si folle... moi qui, par un reste de ménagement stupide, ai toujours reculé devant cette accusation terrible qui pouvait vous mettre en face de l'échafaud !

Madame de Hansfeld regarda son mari avec stupeur.

—Monsieur, prenez garde ! votre raison s'égare !..

— Je vous dis que, par trois fois, vous avez voulu m'assassiner, madame !

— Moi ?

— Vous, madame... Et le pavillon de Trieste?.. et l'auberge déserte de la route de Genève?... et la dernière tentative que l'on a faite, il y a deux jours, contre ma vie?...

— Moi, moi?... mais il est impossible que vous disiez cela sérieusement, monsieur — s'écria Paula.

— Dans quel but aurais-je commis un crime si noir? mais c'est affreux, mais rien dans ma conduite n'a pu autoriser vos effroyables soupçons...

— Des soupçons?... madame, dites donc des certitudes.

— Des certitudes? et sur quels faits? sur quelles preuves les basez-vous? Mais j'ai tort de discuter avec vous; en vérité, c'est de la folie.

— Vous osez parler de ma folie... mais cette folie était de la clémence, madame... je ne pouvais ainsi m'isoler dans ma défiance, m'entourer de précautions, sans en expliquer la cause, car cette cause vous aurait perdue.

Madame de Hansfeld regardait son mari avec une surprise croissante; elle ne pouvait croire à ce qu'elle entendait.

— Maintenant, monsieur — dit-elle en rassemblant ses souvenirs — toutes vos bizarreries, toutes vos réticences s'expliquent... Cette odieuse accusation a du moins le mérite d'être précise... ma justification sera d'autant plus facile...

— Vous prétendez...

— Me justifier... oui, et j'exige que vous m'écoutiez.

— Cette audace me confond... Autrefois j'ai pu
en être dupe... mais à cette heure...

— A cette heure, monsieur, vous allez me dire
sur quoi repose votre accusation; quelles sont vos
preuves? Je les dissiperai une à une; il n'y a pas
de logique plus puissante que celle de la vérité.

M. de Hansfeld, confondu de cette assurance,
regardait à son tour sa femme avec un étonnement
profond. Elle était si calme, elle semblait aller de
si bonne foi au-devant d'explications qu'une conscience criminelle aurait redoutées, que ses doutes
revinrent en foule.

— Comment, madame — s'écria-t-il — vous
niez qu'à Trieste, un soir, après une assez pénible
discussion, vous ayez tenté de vous débarrasser de
moi en jetant, dans une tasse de lait qu'on m'avait
servie, un poison si violent qu'un épagneul que
j'aimais beaucoup est mort un instant après l'avoir
bue?

— Moi... moi... du poison? — s'écria-t-elle en
joignant les mains avec horreur. — Mais qui a pu,
grand Dieu! vous inspirer de tels soupçons? En
quoi les ai-je mérités? Comment, depuis cette
époque vous me croyez capable d'un tel crime?

— Et ce crime n'est pas le seul, madame.

— Si les autres ne vous sont pas plus prouvés
que celui-là, monsieur, Dieu vous demandera
compte de ces terribles accusations...

Après un silence et une réflexion de quelques
moments, Paula reprit :

— Oui, oui, maintenant je me rappelle la circonstance à laquelle vous faites allusion, et aussi une autre qui me disculpe entièrement et dont vous pourrez vous informer auprès de Frantz, en qui vous avez, je crois, toute confiance. Je me souviens parfaitement que lorsqu'après une pénible discussion, vous êtes sorti du pavillon, on ne nous avait pas encore servi le thé.

— Il est vrai, c'est en rentrant dans ce kiosque que j'ai trouvé la tasse que vous m'avez servie sans doute pendant mon absence...

— Vous vous trompez. Heureusement les moindres détails de cette soirée me sont présents. Je quittai le pavillon après vous ; au moment où j'allais descendre, Frantz apporta le thé, il le déposa devant moi sur la table et m'accompagna jusqu'à notre maison, où je l'occupai une partie de la soirée. Interrogez-le à l'instant, et que je meure s'il contredit une seule de mes paroles.

—Mais qui a donc pu jeter ce poison dans ma tasse?

— Je prétends me disculper, mais non pas éclairer cet horrible mystère...

— Vous seriez disculpée sans doute si Frantz confirmait vos paroles... Mais l'assassinat de l'auberge de la route de Genève ?

— Après votre premier soupçon — dit Paula en souriant avec amertume — celui-ci ne me surprend pas. Pourtant vous auriez dû vous souvenir que je dormais profondément et que vous avez eu beaucoup de peine à m'arracher au sommeil. Quant

aux soins que je vous ai donnés après ce funeste
événement, je ne crois pas que vous les suspectiez !

— Mais ce stylet qui vous appartenait et qui a
servi au crime ?

— Je ne m'explique pas plus que vous cet
étrange incident... Cette dague assez précieuse et
jusqu'alors fort inoffensive me servait de couteau à
papier, et je la serrais habituellement dans mon nécessaire à écrire... Mais j'y songe, cette fois encore Frantz peut témoigner en ma faveur... Il gardait les clefs des coffres de notre voiture, il avait
lui-même serré ce nécessaire, qu'il n'ouvrit qu'à
Genève. En partant de Trieste, il l'avait mis en
ordre avec Iris. Informez-vous auprès d'eux si la
dague y était enfermée... Ils vous l'affirmeront,
j'en suis sûre. Or, pendant ce voyage, je ne vous ai
pas quitté d'un moment, et Frantz a toujours eu
sur lui les clefs de la voiture ; comment aurais-je
pris cette dague ?

Ce que disait madame de Hansfeld paraissait
parfaitement vraisemblable ; le prince croyait entendre de nouveau cette voix secrète qui lui avait
si souvent répété : « Paula n'est pas coupable. »

Le prince sentit encore ses soupçons se dissiper
presque complétement ; quoiqu'il n'aimât plus
Paula, il avait un caractère si généreux qu'il regrettait amèrement d'avoir accusé madame de
Hansfeld, et déjà il s'imposait l'obligation (si elle
se justifiait complétement) de lui faire une écla-
tante et solennelle réparation.

— Vous avez, monsieur — dit-elle — une dernière accusation à porter contre moi... Veuillez
vous expliquer... Terminons, je vous prie, cet entretien, qui, vous le concevez, doit m'être bien
pénible...

— Avant-hier, madame, la grille de fer qui entoure la petite terrasse du belvéder de l'hôtel a été
sciée au niveau des dalles, elle ne tenait plus à
rien; au lieu de m'y appuyer comme de coutume,
j'y portai machinalement la main..., la balustrade
est tombée.

— Quelle horreur — s'écria Paula ; — et vous
avez cru... mais pourquoi non..., ce crime n'est
pas plus horrible que les autres... j'aurai plus de
peine à me disculper cette fois... tout ce que je
puis vous dire... c'est qu'avant-hier je suis sortie à
onze heures du matin pour aller déjeuner chez madame de Lormoy, je suis rentrée à quatre heures,
et vos gens ont pu voir que depuis cette heure jusqu'au moment où je suis partie pour l'Opéra... je
n'ai pas quitté mon appartement... il m'aurait fallu
traverser la cour pour aller dans votre galerie qui
communique seule avec l'escalier du belvéder, et
personne n'entre chez vous à l'exception de
Frantz... interrogez-le... peut-être par lui saurez-
vous quelque chose ; quant à moi, je n'ai à ce sujet rien à vous dire de plus.

Après quelques moments de silence, M. de
Hansfeld se leva et dit à sa femme :

— Ce que vous m'apprenez, madame, change

toutes mes résolutions. Ce départ, que j'exigeais, je ne l'exige plus. Lorsque j'aurai causé avec Frantz je vous reverrai.

Et le prince sortit de chez sa femme d'un air profondément abattu.

---

## CHAPITRE VII.

### RÉFLEXIONS.

Tout entière à la surprise, à l'effroi que lui causaient les accusations de son mari, madame de Hansfeld, pendant cet entretien, n'avait songé qu'à se disculper; le prince sorti, elle put réfléchir plus profondément.

D'abord elle sentit s'augmenter son indignation contre un homme qui osait la croire coupable de forfaits si noirs, puis elle éprouva pour lui une sorte de reconnaissance en songeant que, moins réservé, moins généreux, il aurait pu parler haut de ces soupçons, auxquels le hasard donnait tant de vraisemblance.

Par un rapprochement bizarre, Paula se souvint en même temps de ces mots de M. de Morville :

*Mon amour ne saurait être heureux que si je*
*pouvais obtenir votre main.*

Entre ces paroles et les terribles accusations de
son mari, madame de Hansfeld vit un rapprochement étrange, fatal, qui la frappa.

En admettant que les mystérieuses et homicides
tentatives auxquelles le prince avait été exposé
eussent réussi, elle se serait trouvée libre... elle
aurait pu épouser celui qu'elle idolâtrait et le
rendre ainsi le plus heureux des hommes.

Il n'y eut d'abord rien de criminel dans les
pensées de Paula.

Que de fois les cœurs les plus purs, les carac-
tères les plus élevés, se sont passagèrement laissé
entraîner non pas même à des vœux, mais seulement à de simples suppositions qui, réalisées, eussent été de grands crimes.

Combien de femmes pieusement résignées, en-
durant avec une douceur angélique les plus mauvais traitements d'un mari brutal et méchant, ont
dit : Hélas! que n'ai-je épousé un homme généreux
et bon !

Il n'y a rien de meurtrier dans cette supposition, elle n'exprime pas même l'espérance ou le
désir de voir la fin des tortures que l'on souffre,
et pourtant cette supposition contient le germe d'un
vœu meurtrier... c'est l'instinct de conservation qui
s'éveille et qui cherche vaguement les moyens de
fuir la douleur.

Bien des êtres souffrants s'arrêtent à cette exclamation, et leur vie n'est qu'un long et triste gémissement.

D'autres, blessés plus à vif ou moins résignés, s'écrient : — Oh! si j'étais délivré de mon bourreau!... — D'autres enfin : — Pourquoi la mort ne m'en débarrasse-t-elle pas?

Que l'on suive attentivement les conséquences, la logique de ces plaintes, de ces espérances, de ces vœux..., on arrivera toujours à un résultat *véniellement* meurtrier.

C'est toujours plus ou moins l'effrayante et fatale *nécessité* qui conduit Macbeth de crime en crime.

Que d'honnêtes gens ont frémi, épouvantés du nombre de crimes *platoniques* qu'ils étaient entraînés à commettre par une première pensée juste en apparence!

Pour Paula, une des idées résultant de son entretien avec M. de Hansfeld fut donc celle-ci :

— Mon mari, que je n'aime pas; mon mari, que j'ai épousé par obsession; mon mari, qui a de moi une opinion si infâme qu'il m'a crue capable d'avoir trois fois attenté à ses jours... mon mari aurait pu mourir..., et sa mort me permettait de récompenser l'amour le plus passionné.

En vain Paula, qui pressentait la funeste attraction de cette idée, voulut la fuir... Elle y revint sans cesse, et presqu'à son insu, de même qu'on revient sans cesse et malgré soi au point central d'un labyrinthe où l'on est égaré.

Nous le répétons, rien de plus effrayant que l'entraînement forcé de certaines réflexions.

A cette idée succéda celle-ci :

— La personne qui attentait avec acharnement aux jours de M. de Hansfeld doit vivre dans notre intérieur... Par quel motif veut-elle cette mort ?

Après quelques moments de méditation, Paula, frappée d'une clarté soudaine, se rappela certains mots mystérieux d'Iris, l'attachement aveugle, presque sauvage de cette jeune fille, la haine qu'elle avait quelquefois montrée contre le prince lorsqu'elle, Paula, lui disait ses regrets d'avoir épousé cet homme capricieux et fantasque; plus elle y réfléchit, plus elle crut être sur la trace du véritable auteur de ce crime... Son premier mouvement fut bon... Épouvantée de l'opiniâtreté féroce avec laquelle Iris poursuivait sa trame homicide, craignant qu'elle ne s'arrêtât pas là, elle voulut l'interroger et la confondre.

Une heure après le départ du prince, Iris, mandée par sa maîtresse, entrait dans la chambre de celle-ci.

# CHAPITRE VIII.

## INTERROGATOIRE.

Madame de Hansfeld hésitait sur la manière d'ouvrir la conversation et d'arriver à la connaissance de la vérité, elle craignait qu'en lui parlant avec rigueur, Iris, effrayée, s'obstinât dans une négation absolue. Elle crut avoir trouvé le moyen d'éviter cet écueil.

— M. de Hansfeld sort d'ici — dit-elle tristement à Iris. — Je sais enfin la cause de toutes les étrangetés qui m'avaient fait croire sa raison égarée.

— Ce motif, marraine?

— Trois fois on a attenté à ses jours...

— C'est un rêve... comme il en fait tant.

— Trois fois, te dis-je, on a attenté à ses jours... il en a les preuves...

— Alors, il connaît le coupable?...

— Il croit le connaître.

— Et le coupable, marraine?

— C'est moi...

— Vous?,..

— Il le croit...

— Il vous a menacée ?...

— Oui.

— Et de quoi ?

— De la justice... des tribunaux...

— Vous êtes innocente, que vous importe ?

— Mais le scandale d'un procès... mais la honte d'être soupçonnée...

— Je pourrai vous suivre, au moins... Votre pauvre Iris ne vous abandonnera pas.. elle... Dans un tel malheur son dévouement vous sera nécessaire.

Cette naïveté franche fit frémir Paula ; elle commença d'entrevoir une partie de la vérité ; elle redoubla donc de prudence, de réserve, tendit la main à Iris, et lui dit :

— Sans doute, dans une telle extrémité tes soins me seraient bien doux ; mais, par intérêt pour toi, je les refuserais...

— Marraine !...

— Rien au monde ne me les ferait accepter.

— Par intérêt pour moi, vous les refuseriez ?

— Oui, Marianne ou une autre de mes femmes m'accompagnerait.

— Mais moi, moi ?

— Je prierais le prince de te renvoyer en Allemagne avant le procès... Il ne me refuserait pas cela.

— Marraine... je ne vous comprends pas. Pourquoi m'éloigner de vous lorsque tout le monde vous abandonnerait sans doute?

— Parce que ton attachement pour moi est connu... parce qu'il pourrait te faire paraître complice de crimes dont je suis pourtant innocente.

— Mais moi... je veux rester auprès de vous; tant mieux si l'on me croit votre complice.

— Mais moi, Iris, j'exigerais ton départ... A tous les chagrins qui m'accablent, à tous ceux qui vont m'accabler encore, je ne voudrais pas joindre celui de te voir malheureuse..

Iris réfléchit un moment; sa maîtresse l'examinait avec attention; la jeune fille reprit froidement :

— Puisque le prince vous accuse, marraine, je vais aller le trouver et lui dire que je suis votre complice... Ainsi, l'on ne me séparera pas de vous.

Paula fut effrayée : Iris était capable de cette démarche.

— Mais, malheureuse enfant! t'avouer ma complice, c'est te dire coupable... c'est m'accuser... c'est peut-être me pousser à l'échafaud!

— Eh bien, j'y monterai avec vous!

— Que dis-tu? — s'écria la princesse, épouvantée du regard triomphant d'Iris et de l'infernale résolution de sa physionomie.

— Je dis — reprit la bohémienne avec une exaltation farouche — je dis que la part que j'ai dans votre vie, marraine, est misérable; je dis que

mon vœu le plus ardent serait de vous voir dans
une position telle que mon dévouement pour vous
fût votre suprême bonheur, votre seule joie, votre
seule consolation ; je dis que j'aimerais autant vous
voir morte qu'indifférente à ce que je ressens pour
vous... que j'aime comme ma mère, comme ma
sœur, comme mon Dieu ; je dis que ceux que vous
avez aimés, c'est-à-dire Raphaël et Morville, n'ont
pas fait pour vous la millième partie de ce que j'ai
fait moi-même, et ils ont occupé, et ils occupent
votre vie, votre pensée tout entière, tandis que moi
je ne suis rien pour vous... Cela est injuste, marraine... bien injuste.

— Osez-vous parler ainsi, vous que j'ai recueillie, comblée de mes dons... Et qu'avez-vous donc
fait pour reconnaître mes bontés ?

— Vous me demandez ce que j'ai fait, marraine !
Eh bien ! je vais vous le dire à cette heure... car
il faut que notre destinée s'accomplisse. Ce que
j'ai fait ? J'ai fait tuer Raphaël par M. Charles de
Brévannes, d'abord...

— Toi... toi... Mon Dieu ! elle m'épouvante.

— Oui, moi... Vous ne saviez pas ce que c'é-
tait que Raphaël... Vingt fois, en voyant vos larmes, vos regrets, j'ai été sur le point de vous dire:
Vous n'avez rien à regretter... Raphaël était indigne de vous... Mais je ne voulais pas parler... je
vous dirai tout à l'heure pourquoi.

— Malheureuse ! explique-toi... que veux-tu
dire ? Tout ceci n'est-il qu'une sanglante raillerie ?

— Non, non, Iris ne raille pas lorsqu'il s'agit de
vous... Écoutez-moi donc. Vous m'aviez laissée à
Venise, cela me fit une peine horrible; vous ne
vous en êtes pas seulement aperçue, ou, du moins,
mon chagrin vous a été indifférent... mon désir de
vous accompagner vous a semblé importun... Mon
Dieu!.. il fallait me laisser périr dans la rûe plutôt
que de faire naître en moi une reconnaissance dont
les témoignages vous devaient être à charge.

— Mais cette malheureuse est folle... Et que faisait cela à Raphaël?

— Vous m'aviez laissée à Venise; je vous l'ai
dit, cela me causa une violente douleur; je ne pus
me résigner à rester dans l'ignorance de votre vie
et à recevoir seulement de temps à autre quelque
froide lettre de vous. A force de prières, je parvins
à obtenir d'Inès, votre camériste, qu'elle me tien-
drait au courant de vos actions. Vous ne savez pas
ce qu'il m'a fallu de persévérance, de promesses,
de séductions pour intéresser à mon désir cette indifférente fille, et l'amener à m'écrire presque chaque jour... Par cela... jugez ce qu'est mon attachement pour vous.

— Je ne sais s'il faut l'exécrer, la plaindre ou
l'admirer — se dit Paula.

— Peut-être je mérite à la fois la pitié, la haine
et l'admiration — reprit Iris. — Mais écoutez encore... Par Inès, je sus que Charles de Brévannes
vous obsédait de soins, que le bruit public vous
accusait de l'aimer, mais que cela était faux... Vous

6.

ne songiez qu'à Raphaël, dont vous parliez presque toujours avec votre tante en présence d'Inès... Pendant ce temps Raphaël vous trompait...

— Raphaël !... oh ! tu mens... tu mens...

— Il vous trompait, vous dis-je, vous en aurez la preuve. Il était venu à Venise pour dégager sa parole ; il était fiancé avec une jeune Grecque de Zante... nommée Cora... Je vous le prouverai... Il connaissait votre confiance en moi, il m'attribuait sur vous une influence que je n'avais-pas... Ce fut donc à moi qu'il fit les premiers aveux de sa trahison, en me suppliant de vous en instruire avec tous les ménagements possibles. De moi... ce coup devait vous paraître moins cruel.

— Mais son duel avec Brévannes ?

— Tout à l'heure... laissez-moi continuer. En entendant les lâches et parjures paroles de Raphaël... je fus à la fois joyeuse et courroucée.

— Joyeuse ?

— Oui, car je hais presque autant ceux qui vous aiment que ceux qui vous sont ennemis.

— Mais c'est le démon... que cette insensée... Ah ! maudit soit le jour où je t'ai rencontrée sur mon chemin !...

— Maudit soit ce jour pour nous deux peut-être. En apprenant la trahison de Raphaël, je fus donc joyeuse et courroucée ; pour vous venger à l'instant, là... sous mes yeux, je dis à Raphaël qu'il avait tort de prendre de tels ménagements ; que vous l'aviez dès longtemps imité, sinon prévenu

dans son insouciance, car, depuis votre arrivée à
Florence, vous étiez la maîtresse d'un Français, de
Charles de Brévannes...

— Mais Inès t'avait écrit le contraire...

— Mais elle m'avait aussi écrit que les apparences étaient contre vous, et que le bruit public vous
accusait... Je ne croyais que porter un coup douloureux à l'amour-propre de Raphaël : mon attente
fut dépassée... L'orgueil des hommes est si féroce
que ce traître, qui vous avait sacrifiée, se révolta
en se croyant trompé à son tour. J'irritai encore sa
colère. La vanité offensée fit ce que l'amour n'a-
vait pu faire... Raphaël partit furieux pour Venise
avec Osorio, afin de se venger de votre prétendu
parjure. Oui... cet homme qui naguère oubliait sans
remords ses promesses les plus saintes, parce qu'il
se croyait éperdument aimé de vous, se reprit
d'une folle passion lorsqu'il se vit dédaigné. Vous
savez le reste... comment son erreur fut encore
augmentée par la fatuité de Brévannes... qui le tua
après l'avoir convaincu de votre infidélité...

— Cela est-il possible, mon Dieu !

— Ces preuves de la trahison de Raphaël, je
vous les donnerai... vous dis-je... Elles consistent
dans une lettre pour vous qu'il m'avait apportée à
Venise, et dans laquelle il vous prévenait de son
prochain mariage avec cette Grecque... Après le
duel, Osorio m'écrivit pour me supplier de ne pas
vous remettre cette lettre, voulant venger son ami
en vous laissant croire que vous étiez la seule cou-

pable, et que Raphaël vous avait toujours aimée, ainsi qu'il vous l'écrivait dans son dernier billet.

— Mais pourquoi m'as-tu laissée à mes remords?... Pourquoi, en me voyant rester si long-temps fidèle au souvenir d'un homme qui m'avait trompée... ne m'as-tu pas dit qu'il était indigne de moi?...

— Pourquoi?...

— Oui.

— Parce que j'aimais mieux vous voir éprise d'un mort... que d'un vivant.

— Et lorsque je te faisais part de mes scrupules d'aimer M. de Morville, et d'être ainsi infidèle au souvenir de Raphaël, pourquoi d'un mot n'as-tu pas fait évanouir mes regrets?

— Je vous le répète... parce que j'aimais mieux vous voir éprise d'un mort que d'un vivant... et puis j'espérais que le souvenir de Raphaël surmonterait votre amour pour M. de Morville.

— Mais tu le hais donc aussi, M. de Morville ? — s'écria madame de Hansfeld, reculant épouvantée de ce que le génie infernal de cette fille pouvait imaginer et exécuter.

Avant de répondre, Iris resta quelques moments silencieuse, puis elle reprit d'un air sombre :

— Je vous l'ai dit... ceux qui vous aiment et que vous aimez, je les hais presque autant que vos ennemis... Cela est mon sentiment, cela est mon impression.

—Ainsi, M. de Morville...

— Mais parce que je suis jalouse de votre affection — reprit Iris en interrompant sa maîtresse — mais parce que je souffre... oh! bien cruellement, de vous voir dépenser des trésors d'attachement pour des êtres qui ne vous chérissent pas comme moi... il ne s'ensuit pas que je pousse l'égoïsme jusqu'à vouloir vous priver d'un bonheur, par cela seulement que ce bonheur fait mon désespoir; non, non. Quelquefois, dans mes mauvais jours..., j'ai de ces pensées; mais je les chasse.

— Ainsi — reprit madame de Hansfeld avec amertume — vous me permettez d'aimer M. de Morville?...

— Je ferai mieux que cela — dit la bohémienne en jetant un regard perçant sur sa maîtresse.

Sans pouvoir se rendre compte ni de ce qu'elle éprouvait, ni de la signification de ce regard, madame de Hansfeld baissa la tête et rougit.

Iris reprit d'un ton plus humble :

— Maintenant que je vous ai dit, marraine, ce qui concernait Raphaël... je dois vous dire... ce qui concerne le prince...

— Elle va tout avouer... enfin — dit la princesse.

# CHAPITRE IX.

## RÉVÉLATIONS.

Après un moment de silence, Iris reprit, en attachant son regard scrutateur sur madame de Hansfeld :

— Vous n'aviez épousé le prince qu'avec regret, et pour assurer un avenir à votre tante ; plusieurs fois vous me l'avez dit.

— Cela est vrai...

— Vous m'avez dit encore que, grâce à la générosité de M. de Hansfeld, la plus grande partie de sa fortune devait vous appartenir après sa mort...

— Ah ! malheureuse... vous m'épouvantez... Ainsi ces tentatives réitérées...

Sans répondre à sa maîtresse, Iris continua.

— Peu de temps après votre mariage, votre tristesse a redoublé... Je n'ai plus hésité, et un soir, à Trieste, sans que personne me vît... dans une tasse de lait...

— Mais vous êtes un monstre !

— J'avais pris mes précautions... Si le crime

eût été découvert, moi seule pouvais être accusée... et d'ailleurs je me serais avouée la seule coupable.

— C'est horrible! horrible!... Et vous n'avez pas reculé devant l'énormité du crime que vous alliez commettre?

— Vous désiriez être veuve...

— Vous l'ai-je jamais dit? me l'étais jé seulement dit à moi-même?

— Vous regrettiez de vous être mariée... je vous rendais votre liberté...

— Mais vous n'avez donc aucune notion du mal et du bien?

— Le bien... c'est votre bonheur;... le mal... c'est votre chagrin...

— Qui pourrait croire, mon Dieu! à cette sauvage et féroce exaltation... Comment votre main n'a-t-elle pas tremblé? comment avez-vous pu méditer un tel crime? Comment surtout avez-vous pu récidiver?

— Après la première tentative... vous avez été encore plus triste que d'habitude... Vous vous êtes souvent plainte à moi de tout ce que vous faisait souffrir l'inégalité du caractère du prince; devant moi bien souvent vous avez maudit le jour où vous aviez consenti à ce mariage; quelquefois même, en déplorant votre triste existence, vous regrettiez de n'être pas morte... Alors une seconde fois j'ai voulu le tuer... dans cette auberge isolée; je m'étais introduite dans sa chambre par le balcon

de la fenêtre entr'ouverte ; je l'avais presque re-
fermée en m'en allant, après le coup manqué...

— Non, non, je ne puis croire à ce que j'entends... si jeune... et un pareil sang-froid, un tel
endurcissement...

— Si vous saviez la douleur que je ressens de
vos douleurs... si vous saviez combien vos larmes
retombent brûlantes sur mon cœur... vous comprendriez mon sang-froid, mon endurcissement,
comme vous dites... Oui... si vous saviez à quel
point la vie me pèse depuis que j'ai la conviction
d'être si peu pour vous... vous comprendriez que
j'ai voulu assurer votre bonheur en risquant une
vie qui m'est indifférente. Si je n'ai pas tenté plus
souvent, c'est que le prince s'est entouré de telles
précautions...

— Assez !... assez ! tu me fais horreur... Et maintenant ?... que vais-je faire ? j'ai l'aveu de ton
crime...

— Peu m'importe.

— Croyez-vous que je puisse à cette heure vous
garder près de moi... vous qui trois fois avez tenté
de donner la mort à l'homme généreux et bon qui
simulait la folie pour ne pas m'accuser ?

— Maintenant comme autrefois... vous désirez
la mort de cet homme généreux et bon...

— Taisez-vous...

— S'il mourait, vous épouseriez M. de Morville...

Paula resta un moment comme écrasée sous ces

foudroyantes paroles; puis elle reprit avec indignation :

— Et qui vous donne le droit de scruter ma pensée ? Et parce que la mort de M. de Hansfeld me rendrait la liberté, est-ce une raison pour que je la désire ?

— Oui... vous la désirez...

— Sortez ! sortez !...

— Oh ! grâce ! grâce ! marraine... — dit Iris en tombant à genoux devant Paula. — Puis elle continua d'une voix déchirante : — Je suis bien coupable, je suis bien criminelle; je sais toute l'étendue, toutes les conséquences des actions que j'ai commises ; j'ai agi avec réflexion. Mais, je vous le répète, pour moi, le mal, c'est votre chagrin; le bien, c'est votre bonheur... peu m'importe le reste ! Pourquoi donc me chasseriez-vous ? Est-ce pour moi que j'ai cherché à commettre les crimes qui vous épouvantent ? N'était-ce pas avant tout... vous, et toujours vous, que je voulais servir ?...

— Mais, me servir par de tels moyens... c'était me rendre votre complice !

— Eh bien ! je me repens... je vous demande pardon à genoux... mais ne me chassez pas ; ce serait vouloir ma mort ! Oui... si vous me chassez, je me tuerai... Vous me connaissez... vous savez si j'en suis capable... Je tiens à la vie, parce que je puis vous être utile encore...

— Non, non ; va-t'en... Tu veux mourir ?... Eh bien ! meurs !... ce sera un bienfait pour le monde...

et pour moi... Depuis les accusations du prince et
les révélations, je me sens dans une atmosphère de
trahisons et de crimes qui m'épouvante ; on dirait
qu'elle m'oppresse, qu'elle me pénètre... J'aurais
peur de devenir aussi criminelle que toi. Va-t'en...
va-t'en, te dis-je... va-t'en...

Iris se leva pâle et triste, prit la main de sa maîtresse qu'elle baisa, et fit un pas vers la porte.

Madame de Hansfeld crut lire dans les traits de
la jeune fille une si effrayante résolution qu'elle
s'écria :

— Iris!... restez!...

Iris revint sur ses pas et interrogea Paula du regard.

— Mais enfin — s'écria la princesse — que dire
au prince ? Une fois convaincu de mon innocence... il voudra connaître le coupable... que lui
répondrai-je s'il m'interroge ? Ses soupçons, d'ailleurs, ne t'atteindront-ils pas ? Et maintenant, mon
Dieu!... j'y pense... ne pourra-t-il pas croire que
tu as agi par mon ordre, ou du moins sous mon
inspiration ?.... Vois dans quel affreux dédale tu
m'as jetée!...

— Marraine, permettez-moi de rester ici... Si je
suis chassée de cette maison, que ce ne soit pas
par vous au moins : je saurai me résigner si le prince
exige mon départ, ou s'il m'accuse ; mais que ce
coup terrible ne vienne pas de vous !

— Mais en admettant même que les soupçons de
M. de Hansfeld ne t'atteignent pas, n'est-il pas

criminel à moi de garder dans ma maison une
créature qui trois fois a attenté à la vie de mon
mari, et qui pourrait peut-être, par la même monomanie sauvage, y attenter encore ?

— Marraine, si vous l'exigez... jamais plus je
n'attenterai aux jours du prince...

— Si je l'exige... Mon Dieu ! pouvez-vous en
doutter ?

— Eh bien !... je vous le jure *sur vous* (c'est
pour moi le seul serment que je puisse faire), je
vous jure sur vous de respecter les jours de M. de
Hansfeld comme je respecterai les vôtres... — dit
la bohémienne avec un air singulier et en regardant
Paula comme si elle eût voulu pénétrer au plus
profond de son cœur. — Mais si jamais vous vouliez épouser M. de Morville sans avoir à vous reprocher la mort du prince, mort à laquelle je serais
aussi étrangère que vous..., dites un mot, ou plutôt... non, pas même une parole... — et Iris, jetant les yeux autour d'elle comme pour chercher
quelque chose, et avisant sur la cheminée une
épingle d'or surmontée d'une boule d'émail constellée de perles, elle la prit et ajouta : — Vous
n'auriez qu'à me remettre cette épingle, et, sans
qu'aux yeux de Dieu et des hommes ni vous, ni
moi, fussions pour rien dans la mort du prince...
vous pourriez épouser M. de Morville... Ce que je
vous dis ne doit pas vous étonner... Vous n'avez
pas d'autre désir que ce mariage, je n'ai pas
d'autre désir que de vous voir heureuse.

Avant que la princesse pût lui répondre, Iris disparut.

---

# CHAPITRE X.

## AVEUX.

Le vieux graveur et sa fille s'étaient profondément émus du récit de M. de Hansfeld. Berthe avait plaint Arnold, obligé de lutter tour à tour contre son amour et contre d'horribles soupçons ; elle trouvait entre elle et lui une étrange conformité de position : tous deux, enchaînés pour jamais à des êtres indignes de leur affection, devaient passer leur vie dans des regrets ou des espérances stériles.

Pourtant elle s'avouait que son malheur aurait été plus grand encore si elle n'eût pas rencontré dans le sauveur de son père un homme qui lui inspirait une sympathie aussi vive qu'honorable.

Elle ne prévoyait, elle n'ambitionnait d'autre bonheur que celui de voir souvent Arnold et de l'entendre causer avec Pierre Raimond d'une façon si intéressante et si enjouée ; nous ne disons rien du

ravissement de la jeune femme lorsquelevieuxgra-
veur, resté seul avec elle, s'extasiant sur le savoir
et sur l'esprit d'Arnold, le plaçait au-dessus de
tous les hommes qu'il avait connus.

Le lendemain du jour où madame de Hansfeld
avait eu avec Iris la conversation que nous avons
reproduite, M. de Brévannes, aigri par une préoccupation et une anxiété violentes, avait de nouveau brutalisé sa femme, dont la présence lui
devenait de plus en plus insupportable ; persuadé
que, libre et garçon, il aurait eu plus de loisir, plus
de facilités pour mettre à fin son aventure avec
madame de Hansfeld, le matin même du jour dont
nous parlons, il avait fait à sa femme une scène
violente.

Berthe n'était plus au temps où elle s'éplorait
sur ces injustices, elle s'accusait même de s'en con-
soler trop facilement en songeant que chez son
père elle pouvait rencontrer Arnold.

Elle se rendit donc chez Pierre Raimond.

Qu'on juge de la joie du vieillard lorsqu'il vit
entrer sa fille, qu'il n'attendait que le lendemain.

— Quel bonheur ! chère enfant, je n'espérais
pas te voir aujourd'hui... Allons... je devine...
quelque nouvelle brutalité. Ma foi ! maintenant
que les grossièretés de ce méchant homme, auxquelles tu deviens de plus en plus indifférente, me
valent une longue visite de toi... je sens ma haine
de beaucoup diminuer ; si tu n'es pas heureuse,
du moins tu n'es plus malheureuse... c'est un

progrès, et je ne désespère pas... de... Mais à quoi bon te parler de ces rêveries d'un vieux fou ?

— Oh ! dites... mon père, dites.

— Eh bien ! en prenant ainsi l'habitude de te laisser passer la moitié de ta vie chez moi, j'espère qu'un jour il ne te refusera pas la permission de venir habiter tout-à-fait ici...

— Ah ! je n'ose le croire... il sait trop la joie que cela me causerait...

— Peut-être... Mon Dieu ! si cela était, juge donc aussi de ma joie, à moi... Hélas ! cette séparation ne saurait être consentie que par lui ; les lois sont ainsi faites, qu'il y a mille tortures qu'une pauvre femme est obligée de souffrir et dont on peut l'accabler impunément... S'il faut tout dire, je crois que cet homme a quelque mauvaise passion au cœur ; son redoublement de brutalité, son besoin de t'éloigner de lui, tout me le dit. S'il en est ainsi, une séparation ne lui coûtera pas... Que nous faut-il de plus ? Depuis le peu de temps que tu t'es remise à donner des leçons, tu refuses des écolières... Ce gain modeste nous suffira pour nous faire vivre... Tu reprendras ta chambre de jeune fille ; nous verrons notre ami Arnold presque chaque jour. Que nous faudra-t-il de plus ?

— Oh ! rien, mon père, mais ce rêve est trop beau...

— Encore une fois... qui sait !... quoique je connaisse ton attachement pour moi, chère enfant.... la compagnie d'un vieillard est si triste que j'au-

rais eu presque un remords à accepter ton dévouement... Mais don Raphaël Arnold, — ajouta Pierre
Raimond en souriant, — égaiera quelquefois notre
solitude, et à ce propos, mon enfant..., vois donc ce
que les cœurs honnêtes gagnent... à être honnêtes....
Sans la profonde estime qui nous unit tous trois, et
qui rend notre intimité si douce, que de bonheur
perdu! Si j'avais cru Arnold capable de t'aimer
criminellement et de souiller indignement les relations sacrées du bienfaiteur et de l'obligé..., il eût
été privé de notre amitié, qui lui est aussi nécessaire que la sienne nous l'est, à nous.

En ce moment, on frappa à la porte du graveur.

— Entrez, dit-il.

La porta s'ouvrit... Arnold parut.

—Quel heureux hasard!—s'écria Pierre Raimond,
— vous venez à propos, mon cher Arnold.... Mais
qu'avez-vous? vous semblez soucieux, préoccupé,
triste.

—En effet, monsieur Arnold, vous ne répondez
pas, vous avez l'air accablé, auriez-vous quelque
chagrin? Quelle mauvaise nouvelle de votre
femme, peut-être...

Arnold tressaillit, sourit tristement et répondit :

— Vous dites vrai... il s'agit de ma femme.

—Comment! cette misérable ose encore relever
la tête après votre... je dirai le mot... après votre
faiblesse?... — s'écria Pierre Raimond. — Oh!
cette fois soyez sans pitié, pas de ménagements

pour des crimes semblables. Prenez garde d'aller
trop loin par excès de générosité... il y a un abîme
entre la générosité et une indifférence coupable
pour les méchants....

M. de Hansfeld était si abattu qu'il ne chercha
pas à interrompre Pierre Raimond ; lorsque celui-
ci eut parlé, il lui dit tristement :

— Ma femme n'est pas coupable... et moi je
vous ai trompé... je me suis introduit chez vous
sous un faux nom... je dois vous faire cet aveu.

— Que voulez-vous dire, monsieur ? — s'écria
le vieillard en se levant brusquement.

Berthe, pâle, effrayée, regardait M. de Hansfeld avec une douloureuse anxiété ; Pierre Raimond était sombre et sévère.

— Expliquez-vous, monsieur... je ne puis qua-
lifier votre conduite avant de vous avoir entendu.

— Je vous dirai tout ; seulement daignez réfléchir que rien ne m'obligeait à l'aveu que je vous
fais... Si j'agis ainsi, c'est pour rester digne de
votre amitié.

— Digne de mon amitié après un tel mensonge!
N'y comptez plus, monsieur.

— Peut-être serez-vous indulgent, veuillez donc
m'écouter... Lorsque le hasard me mit à même de
vous secourir, et qu'à mon tour secouru par vous
je fus transporté dans cette maison, mon premier
mouvement fut de vous déclarer mon véritable
nom... mais à ce moment votre fille entra...

— Eh bien!... monsieur... que fait cela ?

— Je la connaissais.

— Vous la connaissiez? — dit le vieillard avec étonnement.

— Moi!... — s'écria Berthe.

— De vue seulement — reprit Arnold. — Oui, quelques jours auparavant, j'avais rencontré votre fille aux Français; on l'avait nommée devant moi, et plus tard j'entendis rendre un juste hommage à la noble et austère fierté de son père.

— A cette heure, monsieur... ces louanges sont de trop... — s'écria Pierre Raimond avec impatience.

— Je ne vous loue pas, monsieur... je vous explique la raison qui m'a fait vous cacher mon titre... puisque le hasard veut que j'aie un ti-tre...

— Vous avez, monsieur, très habilement trompé la confiance d'un vieillard et la candeur d'une jeune femme; je vous en félicite...

— J'ai eu tort; mais voici pourquoi j'ai agi de la sorte... Connaissant votre antipathie pour certaines classés de la société... je craignais donc que ma position ne fût un obstacle aux relations que je désirais déjà si vivement nouer avec vous...

— Pour tâcher de séduire ma fille, sans doute! abuser de ce qu'il y a de plus saint... la reconnaissance d'un obligé... Ah! vous et les vôtres... vous serez toujours les mêmes — dit amèrement Pierre Raimond; puis il reprit avec indignation : — Et moi qui tout à l'heure encore parlais de la noble

confiance qui rend certaines relations si douces
entre les gens de bien...

— Ah! monsieur — dit Berthe au prince, avec
un accent de tristesse profonde — vous ne savez
pas tout le mal que nous cause votre conduite
peu loyale... Mon père avait en vous une foi si
aveugle...

— Je mérite ces reproches... et c'est volontairement que je suis venu m'y exposer.

— Mais qui êtes-vous donc, monsieur? — s'é-
cria le graveur.

— Le prince de Hansfeld!... — dit tristement
Arnold en baissant la tête.

— Vous habitez l'hôtel Lambert... ici près?

— Le prince de Hansfeld! répéta Berthe avec
une surprise mêlée d'intérêt et d'effroi.

— En vous racontant sous un nom supposé les
suites funestes de mon mariage, je vous disais vrai;
mon nom seul avait été changé. Alors, convaincu
de la culpabilité de ma femme, surtout après la
dernière tentative que je vous ai racontée, j'étais
décidé à l'obliger de quitter la France... Aujour-
d'hui même, j'aurais fait répandre le bruit que je
partais avec elle, abandonnant l'hôtel Lambert;
conservant précieusement l'incognito à l'abri du-
quel je m'étais créé des relations si chères, je voulais vivre obscurément... ou plutôt heureusement
dans une retraite voisine de la vôtre... Quelques
promenades, ma solitude et notre intimité chaque
jour plus resserrée, voilà quelle était mon ambi-

tion... Il me faut renoncer à ces rêves... Hier, en vous quittant, je suis entré chez madame de Hansfeld; irrité de voir que ses préparatifs de départ n'étaient pas encore faits, exaspéré par son audace, j'articulai enfin le terrible reproche que je n'avais jamais eu le courage de lui faire.

— Et elle n'était pas coupable? — s'écria Berthe. — Ah! je le savais bien... de tels crimes étaient impossibles.

— Ma femme était innocente — répéta M. de Hansfeld; — elle s'est justifiée avec franchise et dignité... Les raisons qu'elle m'a données m'ont paru convaincantes; et un vieux serviteur, en qui j'ai toute confiance..., m'a confirmé... qu'il avait été matériellement impossible à madame de Hansfeld de faire aucune de ces trois tentatives sur ma vie... Je ne puis dire les impressions contraires dont je fus agité après cette découverte... Tantôt je m'applaudissais d'avoir, malgré les preuves en apparence les plus positives, écouté la voix secrète qui me disait : Elle est innocente; tantôt je me reprochais vivement les accusations, les réticences bizarres qui avaient dû torturer cette malheureuse femme, et changer en haine la faible affection qu'elle me portait; je songeais avec douleur aux chagrins que mes soupçons odieux lui avaient causés; je le sentais, j'avais beaucoup à expier, beaucoup à me faire pardonner. Cette découverte n'a pas ranimé mon amour pour ma femme..., il s'est à jamais éteint au milieu de ces doutes inces-

sants ; mais par cela même que je ne l'aime plus,
je dois redoubler envers elle d'égards et de soins...
Maintenant .. voici pourquoi je viens vous apprendre une chose que vous eussiez peut-être toujours
ignorée... Je regarderais comme indigne de moi de
surprendre, grâce à des faits dont à cette heure je
connais la fausseté, un intérêt qui eût encore resserré les liens d'affection qui nous unissaient...
Bien souvent même j'avais été sur le point de vous
révéler mon véritable nom... mais la crainte d'exciter votre indignation par cet aveu tardif m'a toujours retenu... Maintenant vous savez tout... encore une fois, je ne veux pas nier mes torts ; seulement songez à ce que je souffrais, aux consolations
ineffables que je trouvais ici, et peut-être me pardonnerez-vous d'avoir reculé devant la crainte de
perdre un pareil bonheur.

Pierre Raimond était resté pensif pendant que
M. de Hansfeld parlait ; peu à peu sa dure physionomie perdit son expression d'amertume et de colère ; un peu avant qu'Arnold eût cessé de parler,
Pierre Raimond fit même un signe de tête approbatif en regardant Berthe, comme pour applaudir
aux paroles de M. de Hansfeld. Berthe, les yeux
baissés, était dans une tristesse profonde ; elle connaissait trop son père pour espérer qu'après l'aveu
du prince il consentirait encore à le recevoir ; il lui
fallait donc renoncer à la seule consolation qui
l'aidât à supporter ses chagrins ; cette idée était
affreuse.

Après quelques moments de silence, Pierre Raimond tendit la main à M. de Hansfeld et lui dit :

— Bien... très bien... Vous triomphez de mes préventions... car vous allez noblement au-devant d'un sacrifice... qui devra vous coûter autant qu'à nous... et il nous coûtera beaucoup...

— Je ne dois donc plus vous revoir ? — dit tristement Arnold...

— Cela est impossible... J'ai pu accueillir chez moi mon sauveur et lier avec lui une amitié que notre égalité de position autorisait... Confiant dans la loyauté de l'homme qui m'avait sauvé la vie, j'ai pu voir sans scrupules son affection honnête et pure pour ma fille... mais de tels rapports ne peuvent plus durer maintenant... Un pauvre artisan comme moi ne fréquente pas de princes. Enfin, je puis pardonner la ruse dont vous vous êtes servi pour entrer chez moi ; mais ce serait l'approuver que de souffrir désormais vos visites.

— Mon Dieu ! croyez...

— Je crois que cette séparation vous sera pénible... bien pénible... pas plus qu'à nous, pourtant...

— Oh ! non... — murmura Berthe, qui ne put retenir ses larmes.

— Et encore — reprit Pierre Raimond — vous avez, vous, les plaisirs de votre rang...

— Les plaisirs... le croyez-vous ?

— Les devoirs... si vous voulez. Vous avez à faire oublier à votre femme les chagrins que vous

lui avez causés, et, pour une âme généreuse, c'est
une occupation noble et grande. Mais nous... que
nous reste-t-il pour remplacer une intimité bien
chère à notre cœur ? Tant que j'aurai cette pauvre
femme auprès de moi, je vous regretterai moins ;
mais lorsque je serai seul ! Ma fille elle-même devenait presque insouciante des chagrins qui l'acca-
blaient chez elle, en songeant à la joie douce et
calme qui l'attendait ici... Maintenant, encore une
fois, que lui reste-t-il ? les regrets d'un passé qu'il
aurait mieux pour elle valu ne pas connaître.

— Mon père, j'aurai du courage — reprit
Berthe. — Ne me restez-vous pas ?

— Oui... et nous parlerons souvent de lui... je
te le promets — ajouta le vieillard en tendant la
main à Arnold, qui la serra tendrement dans les
siennes.

— Allons, du courage, monsieur Arnold — dit
Berthe en tâchant de sourire à travers ses larmes.

— Mon père vous l'a dit : nous ne vous oublierons
jamais ; nous parlerons bien souvent de vous.
Adieu... et pour toujours, adieu...

M. de Hansfeld pouvait à peine contenir son
émotion ; il répondit d'une voix altérée : — Adieu,
et pour toujours adieu... Croyez... et...

Mais il ne put achever ; les sanglots étouffèrent
sa voix, et il cacha sa figure dans ses mains.

— Vous le voyez — dit-il après un moment
de silence à Pierre Raimond qui le contemplait
tristement — faible.... toujours faible.... Que

vous devez me mépriser, homme rude et stoïque...

Sans lui répondre, Pierre Raimond s'écria tout-à-coup :

— Mon Dieu ! maintenant j'y songe... votre femme est innocente... soit... mais ce crime si obstinément répété... qui l'a commis ? A Trieste, ici, des étrangers pouvaient en être accusés... mais en voyage, dans cette auberge, il faut que ce soit quelqu'un de votre maison, à moins d'une coïncidence extraordinaire.

— Je me suis fait aussi cette question, et elle est demeurée pour moi inextricable... En voyage, nous n'étions accompagnés que de trois personnes : un vieux serviteur qui m'a élevé, une jeune fille recueillie par madame de Hansfeld, mon chasseur qui nous servait de courrier et que j'ai depuis très longtemps à mon service. Soupçonner mon vieux Frantz ou une jeune fille de dix-sept ans d'un crime si noir, si inutile, serait absurde ; il ne resterait donc que le chasseur... Mais quoique bon et dévoué, si vous connaissiez la bêtise de ce malheureux garçon, vous comprendriez que, plutôt que de le croire coupable, j'accuserais mon vieux Frantz ou la demoiselle de compagnie de ma femme.

— Mais cependant... ces tentatives...

— Tenez, mon ami, mes injustes soupçons m'ont déjà causé trop de malheurs pour que j'ose encore en avoir...

— Mais ces tentatives sont réelles... Si on les renouvelle ?

— Tant mieux... Hier je les aurais redoutées... aujourd'hui j'irais au devant...

— Ah! monsieur Arnold... et les amis qui vous restent... Comment! vous ne ferez aucune perquisition pour découvrir le coupable?

— Aucune... A quoi bon?... Ne viens-je pas de vous dire : *Adieu... et pour toujours?*

Et M. de Hansfeld sortit désespéré.

---

## CHAPITRE XI.

### LE RENDEZ-VOUS.

Ce matin-là même M. de Brévannes devait rencontrer madame de Hansfeld au Jardin-des-Plantes.

Il s'y rendit vers onze heures.

La lecture du *livre noir*, ce mystérieux confident des plus intimes pensées de Paula, avait donné au mari de Berthe presque des espérances; les secrets qu'il croyait avoir surpris se résumaient ainsi :

« Madame de Hansfeld se reprochait de ne pas haïr assez M. de Brévannes, meurtrier de Raphaël.

« Le prince la rendait si malheureuse, qu'elle désirait sa mort. »

Iris avait surtout recommandé à M. de Brévannes de ne faire en rien soupçonner à la princesse qu'il connaissait, pour ainsi dire, ses plus secrètes pensées.

Ce conseil servait trop les intérêts de M. de Brévannes pour qu'il ne le suivît pas scrupuleusement.

— Madame de Hansfeld venait à cette entrevue avec moins de sécurité que M. de Brévannes ; elle le savait capable de la calomnier indignement ; la portée de ses calomnies pouvait être terrible et arriver jusqu'à M. de Morville.

Paula devait donc beaucoup ménager cet homme qui lui inspirait une aversion profonde, et lui témoigner une menteuse bienveillance, afin de paralyser pendant quelque temps ses médisances.

Mais madame de Hansfeld ne s'abusait pas... Du moment où M. de Brévannes se verrait joué, il se vengerait par la calomnie, et sa vengeance pouvait avoir une funeste influence sur l'amour de M. de Morville.

Le plus léger soupçon devait être mortel à cet amour idéal, désintéressé, romanesque, et surtout basé sur une estime et sur une confiance réciproques.

Madame de Hansfeld se rendit au Jardin-des-Plantes avec Iris, malgré l'horreur que lui inspiraient les crimes de cette jeune fille. Elle n'avait pu se passer d'elle dans cette circonstance.

Onze heures sonnaient lorsque Paula et la bohémienne arrivèrent au pied du labyrinthe ; le froid
était vif, le jour pur et beau ; dans cette saison les
promeneurs sont rares, surtout en cet endroit ; les
deux femmes atteignirent le fameux *cèdre* sans
rencontrer personne.

M. de Brévannes était depuis une demi-heure
assis au pied de cet arbre immense ; il se leva à la
vue de madame de Hansfeld.

Celle-ci cacha difficilement son émotion ; . après
plusieurs années elle revoyait un homme qu'elle
avait tant de raisons de détester. Son cœur battit
avec violence, elle dit tout bas à Iris de ne pas la
quitter.

M. de Brévannes, vain et orgueilleux, interpréta
cette émotion à son avantage ; il contemplait avec
ravissement l'admirable figure de Paula, que le
froid nuançait des plus vives couleurs. Sa taille
charmante se dessinait à ravir sous une robe de
velours grenat fourrée d'hermine.

Le mari de Berthe se laissait entraîner aux plus
folles espérances en songeant qu'à force d'opiniâtreté il avait obtenu un rendez-vous de cette
femme, qui réunissait tant de grâces à tant de dignité, tant de charmes à une si haute position so-
ciale ; ce qui, pour M. de Brévannes, n'était pas la
moindre des séductions de la princesse.

Plein d'espoir et d'amour, il s'approcha de Paula
et lui dit respectueusement :

— Avec quelle impatience, madame, j'attendais ce moment... Combien je vous sais gré... de votre excessive bonté pour moi!

— Vous savez mieux que personne, monsieur, par qui cette démarche m'est imposée — dit amèrement la princesse en faisant allusion aux menaces de M. de Brévannes.

— Je vous comprends, madame — dit M. de Brévannes; — mais si vous saviez dans quel égarement peut vous jeter une passion violente à laquelle on est en proie depuis des années? Ah! que de fois je me suis souvenu avec délices de ce temps où je vous voyais chaque jour... où, à l'abri de l'amour que je feignais pour votre tante...

— Assez, monsieur... assez... vous ne m'avez pas sans doute demandé cet entretien pour me parler d'un passé... que pour tant de raisons vous devez tâcher d'oublier.

— L'oublier... le puis-je? Ce souvenir a effacé tous les souvenirs de ma vie.

— Veuillez me répondre, monsieur. En insistant avec tant d'opiniâtreté pour obtenir ce rendez-vous, quel était votre but?

— Vous parler de mon amour plus passionné que jamais, vous intéresser... presque malgré vous, aux tourments que je souffre...

— Écoutez, monsieur de Brévannes — dit froidement Paula en l'interrompant — il y a deux ans, vous m'avez une fois parlé de votre amour... je ne vous ai pas cru... Le silence que vous avez ensuite gardé sur cette prétendue passion m'a prouvé que votre aveu était sans conséquence... Lorsqu'on m'a dit votre obstination à me rencontrer ici, j'ai attribué ce désir à un tout autre motif que celui de me parler d'un amour qui m'offense et qui me rappelle d'atroces calomnies...

— Eh bien! je ne vous parlerai plus de cet amour... je me contenterai de vous aimer sans vous le dire... Attendant tout du temps, de la sincérité du sentiment que je vous porte, permettez-moi seulement de vous voir quelquefois... J'aurais pu demander à l'un de nos amis communs de vous être présenté; j'ai préféré d'attendre votre agrément avant de tenter cette démarche.

— Je ne reçois que quelques personnes de mon intimité, monsieur — reprît sèchement Paula. — M. de Hansfeld vit très seul... il m'est impossible... surtout après votre étrange aveu, de changer en rien mes habitudes.

M. de Brévannes ne put réprimer un mouvement de dépit et de colère qui rappela à madame de Hansfeld qu'elle devait ménager cet homme; elle ajouta d'un ton plus familier :

— Songez, de grâce, à tout ce qui s'est passé à Florence... et avouez qu'il m'est impossible de vous recevoir... lors même que je le désirerais.

Ces derniers mots, seulement dits par madame de Hansfeld pour adoucir l'effet de son refus, parurent à M. de Brévannes fort encourageants. Il se souvint à propos des confidences du *livre noir*, et prit la froideur contrainte de la princesse pour de la réserve et de la dissimulation à l'endroit d'un amour qu'elle ne voulait pas s'avouer encore ; il crut devoir ménager ces scrupules, certain qu'après quelques refus de pure convenance, Paula lui accorderait les moyens de la voir.

M. de Brévannes reprit :

— Je n'ose vous supplier encore, madame, de permettre que je vous sois présenté. Pourtant... quel inconvénient y aurait-il ? croyez-moi, loin d'abuser de cette faveur... j'en userais avec la plus extrême réserve...

— Je vous assure, monsieur, que cela est impraticable... Sous quel prétexte d'ailleurs ?... que dirais-je à M. de Hansfeld ?

— Que j'ai eu l'honneur de vous connaître en Italie... Et puis, un homme marié — ajouta-t-il en souriant — n'inspire jamais de défiance. Je pourrais même, et seulement pour la forme, avoir l'honneur de vous amener madame de Brévannes... quoiqu'elle ne soit pas digne de vous occuper un moment.

Cette proposition de M. de Brévannes frappa vivement Paula.

Sachant le prince très épris de Berthe, elle ne put dissimuler un sourire d'ironie en entendant M. de Brévannes parler de présenter sa femme à l'hôtel Lambert.

Un vague pressentiment dont madame de Hansfeld ne put se rendre compte, lui dit que cette circonstance pourrait peut-être servir un jour sa haine contre M. de Brévannes. Elle reprit avec un embarras affecté :

— Si cela était possible... j'aurais le plus grand plaisir à connaître madame de Brévannes... car j'ai beaucoup de raisons pour croire que vous la jugez trop sévèrement. Aussi, dans le cas où il me serait permis de vous recevoir, ce serait uniquement, entendez-vous bien, uniquement à cause de madame de Brévannes ; je vous en préviens, monsieur.

— Il en est toujours ainsi, les femmes n'ont pas de meilleure amie que celle à qui elles enlèvent un mari ; elle s'est trahie — se dit M. de Brévannes — et il reprit tout haut :

— Vous sentez, madame, combien je serais heureux de tout ce qui pourrait rendre mes relations avec vous plus suivies ; permettez-moi donc alors, pour l'amour de madame de Brévannes — dit-il avec un nouveau sourire — de vous la présenter en vous demandant la permission de l'accompagner quelquefois.

— Très rarement, monsieur, surtout dans les premiers temps de ma liaison avec madame de Brévannes — ajouta madame de Hansfeld après un moment d'hésitation.

— Je ne veux pas chercher les raisons qui vous obligent à agir ainsi, madame... mais je m'y soumets.

Et il pensa :

— C'est un chef-d'œuvre d'habileté sans doute ; le prince est jaloux ; elle veut d'abord éloigner les soupçons de son mari, et capter la confiance de ma femme.

— A ces conditions — reprit madame de Hansfeld en baissant les yeux — je vous permettrais de me présenter madame de Brévannes... mais il serait formellement entendu que désormais vous ne me diriez jamais un mot... d'un amour aussi vain qu'insensé.

— Je demanderais une modification à cette clause, madame... Je m'engagerais à faire tout au monde pour vous oublier... seulement, afin de m'encourager et de me fortifier dans ma bonne résolution, vous me permettriez quelquefois de venir vous instruire des résultats de mes efforts... et comme selon vos désirs je ne vous verrais que très rarement chez vous... vous daigneriez peut-être quelquefois m'accorder les moyens de vous rencontrer ailleurs ?

— Monsieur...

— Seulement pour m'entendre vous dire que je tâche de vous oublier... Le sacrifice que je fais n'est-il pas assez grand pour que vous m'accordiez au moins cette compensation ?

— C'est une étrange manière d'oublier les gens que celle-là... Mais si vous la croyez d'un effet certain, monsieur... un jour peut-être je consentirai à revenir ici.

— Ah ! madame, que de bontés !.

II,                                                          8

— Mais prenez garde, si je ne suis pas satisfaite des progrès de votre indifférence, vous n'obtiendrez pas une seule entrevue de moi.

— Je crois pouvoir vous promettre, madame, que vous n'aurez pas à regretter la grâce que vous m'accordez...

Après un moment de silence, Paula reprit :

— Vous devez trouver surprenant, monsieur, qu'après ce qui s'est autrefois passé entre nous...

— Madame...

— Je n'en veux pas dire davantage... Un jour vous saurez le motif de ma conduite et de ma générosité... Mais il se fait tard, je dois rentrer... Dites-moi quelle est la personne qui me présentera madame de Brévannes ?

— Madame de Saint-Pierre, cousine de M. de Luceval. Elle avait bien voulu m'offrir ses bons offices.

— Je la rencontre, en effet, assez souvent dans le monde. Rappelez-lui donc cette promesse, monsieur... et j'accueillerai sa demande...

— Vous vous retirez déjà ?... Mon Dieu ! j'aurais tant de choses à vous dire... Encore un mot, encore... de grâce !...

— Impossible... Iris, venez...

La jeune fille revint auprès de sa maîtresse, et descendit les rampes du labyrinthe après avoir échangé un regard d'intelligence avec M. de Brévannes.

Le mari de Berthe devait être d'autant plus dupe

du stratagème d'Iris au sujet du *livre noir*, que, par suite des révélations de la bohémienne au sujet de l'infidélité de Raphaël, Paula n'avait pas témoigné l'horreur qu'elle aurait dû ressentir à la vue du meurtrier de son fiancé.

Cette circonstance donnait une nouvelle autorité au recueil des *pensées intimes* de madame de Hansfeld

M. de Brévannes, aussi glorieux que ravi de l'empressement de madame de Hansfeld à se rapprocher de Berthe, se crut le seul et véritable motif de cette liaison, qui devait sans doute, plus tard, assurer et faciliter ses relations journalières avec Paula.

En attendant avec une vive et confiante impatience le moment de connaître par le livre noir l'impression *vraie* que cette entrevue avait causée à madame de Hansfeld, M. de Brévannes rentra donc chez lui le cœur léger et content.

— Peu de temps auparavant, Berthe était revenue de chez son père triste et accablée ; elle venait de voir M. de Hansfeld, sans doute pour la dernière fois ; il lui fallait à tout jamais renoncer aux doux et beaux rêves dont elle s'était bercée.

Apprenant que sa femme était chez elle, M. de Brévannes s'y rendit à l'instant même.

8.

## CHAPITRE XII.

### PROPOSITIONS.

M. de Brévannes ne réfléchit pas un moment à
tout ce qu'il y avait d'humiliant et d'odieux dans le
rôle qu'il préparait à sa femme ; nulle considération, nul scrupule ne pouvait empêcher cet homme
d'aller droit à son but.

Dans cette circonstance, en songeant à se servir
de Berthe comme d'un moyen, il se dit avec une
sorte de forfanterie cynique : — Voici la première
fois que mon mariage m'aura été bon à quelque
chose.

Il crut néanmoins nécessaire de prendre envers
sa femme un ton moins dur que d'habitude pour la
décider à se laisser présenter à la princesse de Hansfeld. Berthe allait peu dans le monde ; elle était
fort timide ; or, s'attendant à quelques difficultés de
sa part, il préférait les vaincre par la douceur, ses
menaces pouvant rester vaincues devant un refus
obstiné de sa femme.

Celle-ci s'attendait si peu à la visite de son mari,

qu'elle donnait un libre cours à ses larmes en pensant à M. de Hansfeld qu'elle ne devait plus revoir.

Pour la première fois elle sentait à quel point elle l'aimait. Elle avait le courage de ne pas maudire cette séparation cruelle, en songeant au trouble qu'une passion coupable aurait apporté dans sa vie. Ne voyant plus Arnold, du moins elle serait à l'abri de tout danger.

Une *consolation* pareille coûte toujours bien des larmes; aussi la jeune femme eut-elle à peine le temps d'essuyer ses yeux avant que son mari fût près d'elle.

Berthe avait assez de sujets de chagrin pour que M. de Brévannes ne s'étonnât pas de la voir pleurer; il fut néanmoins contrarié de ces larmes, car il ne pouvait, sans transition, parler à sa femme des plaisirs du monde et de sa présentation à madame de Hansfeld. Réprimant donc un léger mouvement d'impatience, il dit doucement à Berthe, en n'ayant pas l'air de s'apercevoir de sa tristesse ( cela rendait la transition d'autant plus rapide ):

— Pardon... ma chère amie... Je vous dérange..

— Non... non, Charles... vous ne me dérangez pas — dit Berthe en essuyant de nouveau ses larmes, qu'elle se reprochait presque comme une faute.

— Ce matin, vous avez vu votre père?

— Oui... vous m'avez permis d'y aller... quand je...

— Oh!... — dit M. de Brévannes en interrompant Berthe — ce n'est pas un reproche que je vous fais. Je n'aime pas le caractère de votre père, il ·me serait impossible de vivre avec lui; mais je rends justice à sa loyauté, à l'austérité de ses principes, et je suis parfaitement tranquille quand je vous sais chez lui.

Berthe n'avait rien à se reprocher; pourtant son cœur se serra comme si elle eût abusé de la confiance de son mari, qui, pour la première fois depuis bien longtemps, lui parlait avec bonté; elle baissa la tête sans répondre.

M. de Brévannes continua :

— Et puis, enfin, ces visites à votre père sont vos seules distractions... depuis notre arrivée à Paris... A l'exception de cette première représentation des Français, vous n'êtes allée nulle part...; aussi je songe à vous tirer de votre solitude...

— Vous êtes trop bon, Charles; vous le savez, j'aime peu le monde... je suis accoutumée depuis longtemps à la vie que je mène. Ne vous occupez donc pas de ce que vous appelez mes plaisirs...

— Allons, allons, vous êtes une enfant, laissez-moi penser et décider pour vous à ce sujet-là... Vous ne vous en repentirez pas...

— Mais, Charles...

— Oh! je serai très opiniâtre... comme toujours, et plus que jamais; car il s'agit de vous être agréable... malgré vous. Oui... une fois votre première timidité passée, le monde, qui vous inspire tant d'effroi, aura pour vous mille attraits...

Berthe regardait son mari, toute surprise de ce changement extraordinaire dans son accent, dans ses manières. Il lui parlait avec une douceur inaccoutumée au moment même où elle se reprochait de porter une trop vive affection à M. de Hansfeld. L'angoisse, nous dirons presque le remords de la jeune femme, augmentait en raison de l'apparente bienveillance de son mari ; elle répondit en rougissant :

— En vérité, Charles, je suis bien reconnaissante de ce que vous voulez faire pour noi... je m'en étonne même.

— Pauvre chère amie, sans y songer, vous m'adressez là un grand reproche.

— Oh ! pardon, je ne voulais pas...

— Mais ce reproche, je l'accepte, car je le mérite... Oui, depuis notre retour je vous ai assez négligée pour que la moindre prévenance de ma part vous étonne... Mais, patience, j'ai ma revanche à prendre... Ce n'est pas tout ; on me croit un Othello ; on croit que c'est par jalousie que je cache mon trésor à tous les yeux ; je veux répondre à ces malveillants en conduisant mon trésor beaucoup dans le monde cet hiver, et prouver ainsi que vous m'inspirez autant d'orgueil que de confiance.

— Je ne puis répondre à des offres si gracieuses qu'en les acceptant, quoiqu'à regret et seulement pour vous obéir... car je préférerais beaucoup la solitude ; et, si vous me le permettiez, Charles, je vivrais comme par le passé...

— Non, non, je vous l'ai dit ; je serai aussi opiniâtre que vous...

— Eh bien ! soit, je ferai ce que vous désirez ; seulement soyez assez bon pour me promettre de ne pas me forcer de m'amuser trop — dit Berthe en souriant tristement. — J'irai dans le monde puisque vous le désirez vivement... mais pas trop souvent, n'est-ce pas ?

— Soyez tranquille ; lorsque vous y serez allée quelquefois, ce sera moi qui, j'en suis sûr, serai obligé de modérer vos désirs d'y retourner.

— Oh ! ne craignez pas cela, Charles.

— Vous verrez, vous verrez.

— Je me trouve si gênée chez les personnes que je ne connais pas ; il me semble voir partout des regards malveillants.

— Vous êtes beaucoup trop jolie pour ne pas exciter l'envie et la malveillance des femmes ; mais l'admiration des hommes vous vengera. Sans compter que parmi les personnes auxquelles je veux vous présenter, il en est de si hautement placées, de si exclusives même, que votre admission chez elles fera bien des jaloux.

— Que voulez-vous dire, Charles ?

— Vous allez le savoir, ma chère amie, et je me fais une joie de vous l'apprendre. Je suis ravi de vous voir entrer si bien dans mes vues ; je m'attendais, je vous l'avoue, à avoir plus de résistance à vaincre...

— Si j'ai cédé si vite... c'est par crainte de vous

déplaire. Dites un mot, et vous verrez avec quelle facilité je renoncerai à des plaisirs sans doute bien enviés.

— Certes, je ne dirai pas ce mot, ma chère amie; loin de là, j'en dirai un qui, au contraire, vous empêcherait de renoncer à ces vaines joies du monde dont vous semblez faire si bon marché.

— Comment! ce mot...

— Vous souvenez-vous de cette première représentation aux Français?

— Oui, sans doute.

— Je veux dire, vous souvenez-vous des choses qui ont le plus attiré l'attention du public, non pas sur la scène, mais dans la salle?

— L'étrange coiffure de madame Girard, d'abord.

— Le sobieska, sans doute? Mais ensuite...

Berthe était si loin de s'attendre à ce qu'allait lui dire son mari, qu'elle chercha un moment dans sa pensée et répondit :

— Je ne sais... Madame la marquise de Luceval?

— Vous approchez à la fois et de la vérité et de la loge de la personne dont je veux parler.

— Comment cela?

— Dans la loge voisine de celle de madame de Luceval, n'y avait-il pas une belle princesse étrangère dont tout le monde parlait avec admiration?

— Une princesse étrangère! — répéta machinalement Berthe, dont le cœur se serra par un pressentiment indéfinissable.

— Oui, madame la princesse de Hansfeld.

— La princesse! comment! c'est à elle...

— Que je vous présenterai après-demain, je l'espère.

— Oh! jamais... jamais! — s'écria involontairement Berthe.

Profiter de cette offre, qui lui donnait les moyens de revoir le prince, lui semblait une odieuse perfidie.

M. de Brévannes, quoique étonné de l'exclamation de sa femme, crut d'abord qu'elle refusait par timidité, et reprit :

— Allons, vous êtes une enfant. Bien que très grande dame, la princesse de Hansfeld est la personne la plus simple du monde; vous lui plairez beaucoup, j'en suis sûr.

— Mon ami, je vous en conjure, ne me conduisez pas chez la princesse; laissez-moi dans la retraite où j'ai vécu jusqu'ici.

— Ma chère amie, je vous en conjure à mon tour — dit M. de Brévannes en se contenant — n'ayez pas de caprices de mauvais goût. Tout à l'heure vous étiez décidée à ce que je désirais, et voici que maintenant vous revenez sur vos promesses! Soyez donc raisonnable.

— Mais c'est impossible... Non, non, Charles... je vous en supplie en grâce... n'exigez pas cela de moi...

— Ah çà, sérieusement, vous êtes folle! Vous refusez avec obstination ce que tant d'autres demanderaient comme une faveur inespérée?

— Je le sais, je le sais... Aussi croyez que si je refuse, c'est que j'ai des raisons pour cela.

— Des raisons? des raisons?... Et lesquelles, s'il vous plaît?

— Mon Dieu! aucune de particulière; mais je désire ne pas aller dans le monde.

M. de Brévannes, stupéfait de cette résistance, en cherchait vainement la cause; il pressentait que le goût de la retraite ne dictait pas seul ce refus; un moment il crut sa femme jalouse de la princesse. Aussi reprit-il avec une certaine complaisance:

— Voyons, soyez franche, ne me cachez rien. N'y aurait-il pas un peu de jalousie sous jeu?

— De la jalousie?...

— Oui... ne seriez-vous pas assez folle pour vous imaginer que je m'occupe de la princesse?

— Non, non, je ne crois pas cela... je vous l'assure.

— Mais qu'est-ce donc alors? — s'écria M. de Brévannes avec une impatience longtemps contenue.

— Charles, soyez bon, soyez généreux...

— Je me lasse de l'être, madame; et puisque vous ne tenez aucun compte de mes prières, vous exécuterez mes ordres, et après-demain vous m'accompagnerez chez madame de Hansfeld, m'entendez-vous!

— Charles, un mot, de grâce... C'est pour m'être agréable, n'est-ce pas, que vous voulez me conduire chez la princesse ?

— Sans doute ; eh bien ?

— Eh bien ! puisque c'était pour moi que vous aviez formé ce projet... je vous en supplie, renoncez-y...

— Vous m'obéirez.

— Mon Dieu ! mon Dieu ! mais allez-y seul ! Peu vous importe que, moi, je...

— Cela m'importe tellement que vous irez , est-ce clair ?

— Il me coûte de vous refuser ; mais comme vous ne pourrez me contraindre à cela...

— Eh bien ?

— Je n'irai pas.

— Vous n'irez pas ?

— Non.

— Voilà un bien stupide entêtement... Et vous croyez me faire la loi ?

— J'agis comme je le dois.

— En refusant d'aller chez madame de Hansfeld ?

— Oui, Charles.

— Je suis peu disposé à deviner des charades ; aussi je terminerai notre entretien par deux mots : si vous persistez dans votre refus, de votre vie vous ne reverrez votre père... car dans huit jours vous partirez pour la Lorraine, d'où vous ne reviendrez pas... J'ai le droit de vous assigner le lieu de votre résidence... Vous le savez, ma volonté est inébranlable ; ainsi réfléchissez.

Berthe baissa la tête sans répondre.

Son mari pouvait en effet l'envoyer en Lorraine, la séparer de son père, dont elle était alors l'unique ressource, puisque, par un juste sentiment de fierté, Pierre Raimond refusait la pension que lui avait faite M. de Brévannes.

Ce n'était pas tout ; en obéissant à son mari, Berthe devait cacher au graveur à quelle condition elle continuait de le voir, car celui-ci eût cent mille fois préféré laisser sa fille partir pour la Lorraine que de l'engager à obéir aux ordres de son mari, puisque ces ordres la rapprochaient d'Arnold.

Un moment elle voulut avouer à M. de Brévannes le motif de la résistance qu'elle lui opposait ; mais songeant à la jalousie féroce de son mari, à la colère qu'il ressentirait contre le graveur, dont il l'éloignerait peut-être encore, elle rejeta cette idée.

Il n'y avait, malheureusement pour Berthe, aucun moyen-terme entre ces différentes alternatives. Son premier mouvement avait été de résister opiniâtrément aux désirs de son mari, parce que les larmes qu'elle versait au souvenir d'Arnold l'éclairaient sur le danger de cet amour jusqu'alors si calme ; mais elle devait se courber devant une fatale nécessité.

Elle répondit à son mari avec accablement :

— Vous l'exigez... monsieur... je vous obéirai...

— C'est, en vérité, bien heureux, madame...

— Seulement... rappelez-vous toujours... que j'ai de toutes mes forces résisté à vos ordres... que je vous ai conjuré, supplié de me laisser vivre dans la retraite... et que c'est vous... vous qui avez voulu m'en tirer, pour me jeter au milieu du tourbillon du monde... — dit Berthe en s'animant; — du monde... où je n'aurai ni appui ni conseil, où je serai exposée à tous les dangers qui assiégent une jeune femme absolument isolée...

— Isolée!... mais moi, madame...

— Écoutez-moi, monsieur : j'ai vingt-deux ans à peine... vous m'avez accablée de chagrins... je ne vous aime plus... Je suis sans doute résolue de ne jamais oublier mes devoirs... mais quoique sûre de moi... je préférerais ne pas affronter certains périls.

Berthe, cette fois, croyait avoir frappé juste en éveillant vaguement la jalousie forcenée de M. de Brévannes : elle espérait ainsi le faire réfléchir aux inconvénients de jeter au milieu des séductions du monde une jeune femme sans amour et sans confiance pour son mari.

En effet, M. de Brévannes, stupéfait de ce nouveau langage, regardait Berthe avec une irritation mêlée de surprise.

— Qu'est-ce à dire, madame? — s'écria-t-il. — Voulez-vous me faire entendre que vous pourriez avoir l'indignité d'oublier ce que j'ai fait pour

vous?... Oh! prenez garde, madame, prenez
garde... ne jouez pas avec ces idées-là, elles sont
terribles... Songez bien que l'amour-propre est
mille fois plus irritable et plus ardent à la vengeance que l'amour... Si jamais vous aviez seulement la pensée de me tromper... Mais, tenez —
dit-il en blêmissant de rage à cette seule idée —
ne soulevons pas une telle question... elle est sanglante...

— Et c'est parce qu'elle peut devenir un jour
sanglante, monsieur, que je la soulève, moi, et
qu'en honnête femme je vous supplie de me laisser
dans ma retraite, de ne pas volontairement m'exposer à des périls que je n'aurais peut-être pas la
force de surmonter. Je vous dois beaucoup, sans
doute; mais, croyez-moi, ne m'obligez pas à
compter aussi les larmes que j'ai versées; je pourrais me croire quitte...

— Quelle audace !...

— J'aime mieux être audacieuse avant d'avoir
fait le mal qu'hypocrite après une faute. Encore
une fois, pour votre repos et pour le mien, monsieur,
laissez-moi vivre obscure et ignorée... A ce prix je
puis vous promettre de ne jamais faillir... sinon...

— Sinon?...

— Vous m'aurez jetée presque désarmée au milieu des périls du monde... Je connais mes devoirs,
j'essaierai de lutter... mais je vous le dis... il peut
se rencontrer des circonstances où la force me
manque.

Le bon sens, la franchise de ces paroles, fai-
saient bouillonner la jalousie de M. de Brévannes;
il connaissait trop ses torts envers Berthe pour ne
pas prévoir qu'elle lutterait seulement et absolument par *devoir*; et le devoir sans affection est
souvent impuissant contre les entraînements de la
passion.

L'enfer de cet homme commençait. Placé entre
sa jalousie et son amour, il hésitait entre le désir
de nouer des relations suivies avec madame de
Hansfeld, grâce à la présentation de Berthe, et la
crainte de voir sa femme entourée d'adorateurs.

La pensée d'être jaloux du prince, qu'il ne connaissait que par le récit de ses bizarreries, ne lui
vint pas un moment à l'esprit ; mais à défaut du
prince il se créa les fantômes les plus effrayants,
c'est-à-dire les plus charmants. Déjà il se voyait
moqué, montré au doigt; lui qui avait fait un mariage d'amour, mariage ridicule s'il en est, pen-
sait-il, lui qui avait sacrifié sa vanité, son ambition, sa cupidité, à une pauvre fille obscure, ne
serait-il donc pas à l'abri du mauvais sort? Serait-
il donc aux yeux du monde toujours dupe, avant
et après son mariage? A ces pensées, M. de Brévannes tressaillait de fureur.

Tantôt il voyait dans la franchise de Berthe une
garantie pour l'avenir, tantôt au contraire il y
voyait une sorte de cynique défi, tant enfin il s'effrayait de ce langage d'une honnête femme qui,
dédaignée de son mari qu'elle n'aime plus, ne s'a-

buse pas sur la fragilité humaine, et préfère fuir le danger que de l'affronter.

Pourtant ne pas présenter Berthe à la princesse, c'était renoncer à l'avenir qu'il entrevoyait si brillant.

Ce sacrifice lui fut impossible ; comme ceux qui, renonçant à se faire aimer, espèrent se faire craindre, il essaya d'intimider Berthe, et lui dit brutalement :

— Lorsqu'on a l'effronterie de professer ouvertement de tels principes, madame, on n'a pas besoin d'aller dans le monde pour tromper son mari.

— Assez, monsieur... assez — dit fièrement Berthe ; — puisque vous me comprenez ainsi, je n'ai rien à ajouter... Je vous accompagnerai quand vous le voudrez chez madame la princesse de Hansfeld.

— Et prenez bien garde à ce que vous ferez... au moins... Rappelez-vous bien ceci... je vous le répète à dessein... l'amour peut être indulgent, généreux... l'orgueil, jamais... Ainsi je serais pour vous impitoyable... si vous aviez le malheur de vous mal conduire, je vous briserais, je vous écraserais sans pitié, entendez-vous ? — ajouta-t-il, les lèvres contractées par la colère en saisissant rudement le bras de Berthe.

Celle-ci, très calme, se dégagea doucement et lui répondit :

— Avec toute autre que moi, monsieur, vous au-

riez peut-être tort de joindre l'attrait du danger...
à l'attrait que peut offrir l'amour... Croyez-moi,
lorsque le devoir est impuissant, la terreur est
vaine...

En disant ces mots, Berthe rentra chez elle et
laissa M. de Brévannes dans une irritation et dans
une anxiété profondes.

---

# CHAPITRE XIII.

### CORRESPONDANCE.

Madame de Hansfeld revint assez satisfaite de son
entretien avec M. de Brévannes. En songeant à la
proposition qu'il lui avait faite de lui présenter Berthe, Paula éprouvait des ressentiments étranges : d'a-
bord, sachant l'amour d'Arnold pour madame de
Brévannes, elle avait voulu jouer un perfide et méchant tour à M. de Brévannes, espérant jouir ensuite
de la confusion de M. de Hansfeld lorsqu'il serait
reconnu par Berthe (Paula ignorait qu'Arnold eût
révélé son véritable nom à Pierre Raimond).

Lorsqu'elle avait fait part à Iris de la prochaine
présentation de madame de Brévannes à l'hôtel

Lambert, la bohémienne s'était écriée en tressaillant de joie :

— Maintenant... vous n'avez plus rien à désirer... vos vœux seront comblés quand il vous plaira
de me faire un signe.

En vain Paula avait voulu forcer Iris à s'expliquer davantage; celle-ci s'était renfermée dans
un silence absolu après avoir seulement ajouté :

— Réfléchissez bien, marraine... vous me com-
prendrez.

La princesse avait réfléchi.

En arrêtant d'abord sa pensée sur M. de Hansfeld, elle s'était demandé ce qu'il lui inspirait depuis qu'il l'avait soupçonnée des crimes les plus
horribles... Elle ressentait autant de haine que de
mépris contre lui, haine contre l'homme capable
de concevoir de tels soupçons, mépris pour l'homme
assez faible pour ne pas accuser hardiment celle
qu'il soupçonnait.

Paula était doublement injuste; elle oubliait
qu'Arnold l'avait passionnément aimée, et qu'il
n'avait tant souffert que par suite de cette lutte
entre son amour et ses méfiances...

Chose étrange, elle n'avait jamais aimé son mari
d'amour : elle était passionnément éprise de M. de
Morville, et pourtant elle se trouvait blessée de
l'amour du prince pour Berthe ; rien de plus absurde, mais de plus commun que la jalousie d'orgueil.

Si la pensée de madame de Hansfeld se repor-

tait sur M. de Morville, à l'instant ces trois mots
sinistres flamboyaient à sa vue :

— *Si j'étais veuve !...*

Et elle n'osait pas s'avouer qu'elle eût été satisfaite si l'une des tentatives d'Iris avait réussi.

Nous l'avons dit, rien de plus fatal que de fami-
liariser sa pensée avec de simples suppositions qui,
réalisées, seraient des crimes ; si monstrueuses
qu'elles paraissent d'abord, peu à peu l'esprit les
admet d'autant plus facilement qu'elles flattent davantage et incessamment les intérêts qu'elles servi-
raient.

Cela est funeste... la vue continuelle d'une proie
facile éveille les appétits sanguinaires les plus en-
dormis.

Rentrée chez elle, Paula réfléchit longtemps aux
paroles mystérieuses d'Iris, à propos de la présentation de Berthe à l'hôtel Lambert.

— « Maintenant vous n'avez plus rien à désirer... quand il vous plaira vos vœux seront comblés. »

Un secret instinct lui disait que du rapprochement du prince, de M. de Brévannes et de Berthe,
il pouvait résulter de graves complications ; mais que
pouvait y gagner son amour à elle, pour M. de
Morville ?

A ce moment, madame de Hansfeld fut interrompue par Iris.

— Que voulez-vous ? — lui dit-elle brusquement.

— Marraine, un commissionnaire vient de m'apporter une enveloppe à mon adresse; dans cette enveloppe était une lettre pour vous.

Paula prit la lettre et tressaillit.

Elle reconnut l'écriture de M. de Morville.

Ce billet contenait seulement ces mots :

« Les circonstances, madame, me forcent à un parti extrême... J'adresse à tout hasard ce billet à votre demoiselle de compagnie... Un affreux et dernier coup accable le malheureux auquel vous avez déjà daigné tendre la main... il n'a pas désespéré de votre pitié... aujourd'hui même avec ces paroles magiques : *Faust et Manfred*, vous pourrez sinon le rendre à la vie... du moins adoucir son agonie. »

Un moment madame de Hansfeld ne comprit pas la signification de cette lettre. Puis tout à coup s'adressant à Iris :

— Quel jour sommes-nous aujourd'hui?

— Jeudi, marraine.

— Jeudi... non, ce n'est pas cela... — se dit madame de Hansfeld —j'avais cru... mais... — reprit-elle avec anxiété — n'est-ce pas pas aujourd'hui la mi-carême?

— Oui, marraine... quelques masques ont passé dans la rue.

— Oh! je comprends... je comprends — s'écria madame de Hansfeld — et courant à son secrétaire elle écrivit ces mots à la hâte :

« Ce soir, à minuit et demi, à l'Opéra, au même

endroit que la dernière fois, *Faust et Manfred!...*
un ruban vert au camail du domino. »

Puis, cachetant et 'donnant cette lettre à Iris, elle
lui dit :

— Voici la réponse, remettez-la...

Iris sortit.

. . . . . . . . . . . . . . .

Le soir, à minuit et demi, au bal de l'Opéra,
Léon de Morville et madame de Hansfeld, tous
deux masqués comme ils l'étaient lors de leur première entrevue, se rencontrèrent au fond du cor-
ridor des secondes loges à gauche du spectateur, et
entrèrent dans le salon de l'avant-scène où avait
eu lieu leur premier et leur dernier entretien.

---

# CHAPITRE XIV.

## LE MARIAGE.

Madame de Hansfeld fut épouvantée du changement des traits de M. de Morville et de l'expression de douleur désespérée qui les contractait.

— Qu'y a-t-il donc, mon Dieu ? — s'écria-t-elle
en jetant son masque à ses pieds.

— Un mot... d'abord — dit M. de Morville. — Je ne m'étais pas trompé ; cette mystérieuse amie... qui m'écrivait sans se faire connaître...

— C'était moi... oui, oui, votre cœur avait deviné juste... mais au nom du ciel qu'y a-t-il ; votre vie est-elle menacée ?

— Tout est menacé, ma vie, ma raison, mon amour, mon honneur.

— Que dites-vous ?...

— Je dis que je me tuerai... je dis que les passions les plus mauvaises germent en moi... je dis que je ne me reconnais plus... je dis qu'à mon amour pour vous je veux sacrifier tout ce qu'il y a de plus saint, de plus sacré parmi les hommes... dussé-je être parjure et parricide.

— Mon Dieu ! vous m'effrayez...

— Paula... m'aimez-vous... comme je vous aime ?...

— Ne suis-je pas ici ?...

— Vous m'aimez ?...

— Oui... oh ! oui...

— Paula... fuyons... Venez... venez...

— Et vos serments ?...

— Qu'importe !

— Et votre mère ?

— Qu'importe !

— Ah !... que dites-vous ?...

— Venez, vous dis-je... Cet amour est fatal... Notre destinée s'accomplira...

— En grâce, calmez-vous... Songez à ce que

vous m'écriviez encore il y a peu de jours : *Un obstacle insurmontable nous sépare...*

— Je ne veux songer à rien... je vous aime... je vous aime... je vous aime... Cet amour a subi toutes les épreuves, il a grandi dans le silence, il a résisté à votre indifférence affectée, il a pénétré votre tendresse cachée, il m'a rendu insouciant de ce que j'adorais, dédaigneux de ce que j'honorais... Il brûle mon sang, il égare ma raison, il déborde mon cœur. Paula, si vous m'aimez, fuyons, ou je meurs !...

— Mon Dieu ! mon ami, croyez-vous être seul à souffrir ainsi ?... Souffrir... oh ! non, maintenant je puis défier une vie de tourments... je puis mourir... j'ai été aimée... comme j'avais rêvé d'être aimée... aimée avec délire ; aimée sans réflexion, sans scrupule, sans remords ; aimée avec tant d'aveuglement, que vous ne soupçonnez pas l'énormité des sacrifices que vous m'offrez, la profondeur de l'abîme où vous voulez nous précipiter...

— Paula, Paula, ne me parlez pas ainsi, vous me rendez fou ; vous ne savez pas... non, vous ne savez pas ce que c'est que l'entraînement d'une seule pensée qui engloutit toutes les autres dans son courant toujours plus large, plus rapide, plus profond... Moi qui jusqu'ici pouvais marcher le front haut... je ne l'ose plus... il y a des regards que j'évite.

— Vous ?... vous ?...

— Savez-vous ce que je me suis dit bien souvent... depuis qu'un serment dont je ne veux plus tenir compte maintenant m'a tenu éloigné de vous?

— Ne parlez pas ainsi.

— Eh bien! d'abord en songeant à la frêle santé de votre mari, je me suis dit : M. de Hansfeld mourrait... je n'en serais pas affligé... puis... sa vie... dépendrait de moi... que je le laisserais périr... Puis j'ai été plus loin... j'ai... mais non, non je n'ose vous dire cela... même à vous... je vous ferais horreur... Ah! maudit soit le jour... où pour la première fois cette pensée m'est venue.

Et M. de Morville cacha sa tête dans ses mains.

Les derniers mots qu'il venait de prononcer devaient retentir longtemps dans le cœur de Paula.

Elle était à la fois épouvantée, et pourtant presque heureuse de l'étrange complicité morale qui faisait partager ses vœux homicides contre le prince par M. de Morville, lui, jusqu'alors si loyal et si généreux. Dans ce bouleversement complet des principes de l'homme dont elle était adorée, elle vit une nouvelle preuve de l'influence qu'elle exerçait.

Mais par une de ces contradictions, un de ces dévouements si familiers aux femmes, madame de Hansfeld se promit de tout faire pour éloigner désormais, et pour toujours, des pensées pareilles de l'esprit de M. de Morville, et cela parce que peut-être, de ce moment même, elle prenait les résolutions les plus criminelles; quoi qu'il arrivât, elle ne voulait pas que M. de Morville pût se reprocher un jour les vœux qu'il avait faits dans un moment d'égarement.

M. de Morville était tombé la tête dans ses mains avec accablement; madame de Hansfeld lui dit d'un ton doux et ferme:

— J'aurai du courage pour vous et pour moi... je vous rappellerai des serments autrefois si puissants sur vous; la violence de votre amour même ne doit pas vous les faire oublier. De grâce, revenez à vous... vous parlez de nouveaux chagrins... quels sont-ils? votre mère est-elle plus souffrante?

— Eh! qu'importe?...

— Ah! de grâce, ne parlez pas ainsi. Croyez-moi... Une femme peut être fière de voir son influence un moment supérieure aux plus nobles principes... mais c'est à condition que ces principes reprendront leur cours... J'aurais horreur de vous et de moi si au lieu du cœur généreux que j'ai surtout chéri je ne retrouvais maintenant qu'un cœur égoïste et desséché... Serait-ce donc là le fruit de notre amour?

M. de Morville secoua tristement la tête.

— Hélas! je le crains — dit-il d'une voix sourde — je n'ai plus la force de résister au courant qui m'emporte... Rien de ce que je vénérais autrefois n'est plus capable maintenant de m'arrêter... Avant tout votre amour... Périsse le reste...

— Heureusement... j'aurai le courage qui vous manque...

— Ah! vous ne m'aimez pas...

— Je ne vous aime pas?... Mais laissons cela,

dites-moi sous quelle exaltation vous étiez lorsque vous m'avez écrit ce billet qui m'a si fort alarmée et qui m'a fait venir ici... ce soir...

— Ne sachant comment vous l'adresser, j'ai compté sur la fidélité de votre demoiselle de compagnie... D'ailleurs ce billet n'était compréhensible que pour vous seule... Eût-il tombé entre les mains de M. de Hansfeld, il ne vous eût pas compromise.

— J'ai reconnu là votre tact habituel... Mais la cause de ce billet ?...

— Votre sang-froid me fait honte... Moi aussi j'aurai du courage... Je vous sais gré de me rappeler à moi-même... Eh bien ! voici ce qui vient de nouveau m'accabler... Hier ma mère... m'a fait appeler... Elle était plus faible et plus souffrante qu'à l'ordinaire... Je n'ose penser que depuis quelque temps je suis moins soigneux pour elle...

— Ah ! vous ne savez pas le mal que vous me faites en parlant ainsi...

— Elle me dit après quelque hésitation qu'elle sentait ses forces s'épuiser... qu'il lui restait peu de temps à vivre... Elle attendait de moi une preuve suprême de soumission à ses volontés... Il s'agissait de la tranquillité de ses derniers instants ; je la priai de s'expliquer ; elle me dit qu'un de nos alliés, qu'elle me nomma, un de ses plus anciens amis, avait une fille charmante et accomplie...

— Je comprends tout... — dit madame de Hansfeld avec fermeté. — En grâce, continuez.

— Continuer... Et que vous dirais-je de plus? ma mère a voulu me faire promettre que mon mariage se ferait de son vivant, c'est-à-dire très prochainement; j'ai refusé. Elle m'a demandé si j'avais à faire la moindre objection sur la beauté, la naissance, les qualités de cette jeune fille; j'ai reconnu, ce qui est vrai, qu'elle était accomplie de tous points; mais j'ai signifié à ma mère que je ne voulais pas absolument me marier... Alors... elle s'est prise à pleurer; les émotions vives lui sont tellement funestes, faible comme elle est... qu'elle s'est évanouie... J'ai cru, mon Dieu, que j'allais la perdre... et j'ai retrouvé ma tendresse d'autrefois... En revenant à elle, ma mère m'a serré la main, et, avec une bonté navrante, elle m'a demandé pardon de m'avoir contrarié par ses désirs... dont elle ne me reparlerait plus... Mais je le sais, je lui ai porté par mon refus un coup douloureux... Je n'ose en prévoir les suites... Elle avait fondé de si grandes espérances sur ce mariage!

Hier, son état a empiré; je l'ai trouvée profondément abattue; elle ne m'a pas dit un mot relatif à cette union... Mais, malgré son doux et triste sourire, j'ai lu son chagrin dans son regard, je l'ai quittée le cœur déchiré. Sa santé défaillante ne résistera pas peut-être à de si violentes secousses. Eh bien! dites, Paula, est-il un sort plus malheureux que le mien? J'ai la tête perdue. N'était-ce pas assez d'être séparé de vous par un serment solennel? Il m'interdisait le présent, mais il me laissait au moins l'avenir. Maintenant il faut pour rendre l'agonie de ma mère plus douce, il faut que je me résigne à ce mariage odieux, impossible, car il détruirait jusqu'aux faibles espérances qui me restent... Encore une fois, cela ne sera pas ; non, non, mille fois non. Paula, si vous m'aimez, si vous êtes capable de sacrifier autant que je vous sacrifie, nous n'aurons pas à rougir l'un de l'autre.

— Non, car tous deux nous aurons foulé aux pieds nos serments et nos devoirs — dit Paula en interrompant M. de Morville.

— Nous fuirons au bout du monde, et...

— Et la première effervescence de l'amour passée, la haine, le mépris que nous ressentirons l'un pour l'autre vengeront ceux que nous aurons sacrifiés. Mon pauvre ami, votre raison s'égare.

— Mais que voulez-vous que je fasse ?

— Que vous ne soyez pas parjure... que vous ne hâtiez pas la mort de votre mère.

— Renoncer à vous, me marier... Jamais ! jamais !

— Écoutez-moi bien. Je vous déclare que je ne pourrais pas aimer un homme lâche et parjure, lors même que ce serait pour moi qu'il se parjurerait lâchement. Mon amour-propre de femme est satisfait de ce que chez vous, pendant quelques moments, la passion a vaincu le devoir ; c'est assez. Vous avez juré de ne jamais me dire un mot qui pût m'engager à oublier mes devoirs, vous tiendrez ce serment ?

— Mais...

— Je le tiendrai pour vous si vous êtes tenté d'y manquer.

— Et ce mariage ? — dit M. de Morville avec amertume ; — ce mariage, vous me conseillez sans doute d'y consentir ?

— Non.

— Non ? Ah ! je n'en doute plus... vous m'aimez !

— Si je vous aime ! Ah ! croyez-moi, ce mariage me porterait un coup encore plus cruel qu'à vous — dit Paula avec émotion — mais — ajouta-t-elle — il faut ménager votre pauvre mère, ne pas refuser positivement de lui obéir... temporiser... lui dire que vous êtes revenu sur votre première résolution... mais que vous voulez réfléchir à loisir avant de prendre une détermination aussi grave... Gagnez du temps, enfin.

— Mais ensuite, ensuite ?

— Ah ! savons-nous ce qui appartient à l'avenir. Remercions le sort de l'heure, de la minute présente ; demain n'est pas à nous.

— Mais quand pourrai-je vous écrire, vous revoir ? Quelle sera l'issue de cet amour ? il me brûle, il me dévore, il me tue.

— Et moi aussi il me brûle, il me dévore, il me tue ; vous ne souffrez pas seul... n'est-ce pas assez ?

— Mais qu'espérer ?

— Que sais-je ! Aimer pour aimer, n'est-ce donc rien ?

.— Mais que je puisse au moins vous voir quelquefois chez vous, vous rencontrer dans le monde.

— Chez moi, non ; dans le monde, votre serment s'y oppose.

— Ah ! vous êtes sans pitié.

— Calmez votre mère, non par des promesses, mais par des temporisations. Dans huit jours je vous écrirai.

— Pour me dire ?...

— Vous le verrez... peut-être serez-vous plus heureux que vous ne vous y attendez.

— Il se pourrait ? Ah ! parlez, parlez.

— Ne vous hâtez pas de bâtir de folles espérances sur mes paroles. Rappelez-vous bien ceci : jamais je ne souffrirai que vous manquiez à la foi jurée... mais comme je vous aime passionnément...

— Eh bien ?

— Le reste est mon secret.

— Oh ! que vous êtes cruelle !

— Oh ! bien cruelle, car je veux que demain vous m'écriviez que votre mère est moins souffrante, que vous l'avez un peu tranquillisée ; j'en serai si heureuse !... car je me reproche amèrement ses chagrins ; n'est-ce pas moi qui les cause involontairement ?

— Je vous le promets. Et vous, à votre tour ?

— Dans huit jours vous saurez mon secret. Je regrette moins de ne pas vous recevoir chez moi. Nous allons, je le crains, rompre nos habitudes de retraite. M. de Hausfeld m'a priée de recevoir plu-

sieurs personnes, entre autres M. et madame.de
Brévannes. Les connaissez-vous ?

— Je rencontre quelquefois M. de Brévannes ;
on dit sa femme charmante.

— Charmante, et je crains pour le repos de mon
mari qu'il ne s'en aperçoive.

— Que dites-vous !

— Je le crois sérieusement occupé de madame
de Brévannes.

— Le prince ?

— Il est parfaitement libre de ses actions, autant que je le suis des miennes.

— Et vous refusez de me recevoir chez vous...
lorsque votre mari...

Paula interrompit M. de Morville.

— Je vous refuse cela, d'abord parce que vous
avez juré de ne jamais vous présenter chez moi ;
et puis, condamnable ou non, la conduite de mon
mari ne doit en rien influencer la mienne ; il est
des délicatesses de position que vous devez apprécier mieux que personne... Dans huit jours vous
en saurez davantage.

— Dans huit jours... pas avant ?...

— Non.

— Que je suis malheureux !

— Bien malheureux, en effet ! Vous venez ici
accablé, désespéré, vous reprochant votre dureté
avec votre mère, oubliant tout ce qu'un homme
comme vous ne doit jamais oublier ; je vous calme,
je vous console, je vous offre le moyen de ména-

ger à la fois les volontés de votre mère et nos propres intérêts...

— Oui, oui, vous avez raison... Pardon, j'étais venu ici avec des pensées misérables ; vous m'avez fait rougir, vous m'avez relevé à mes propres yeux, vous m'avez rappelé à l'honneur, à la foi jurée, à ce que je dois à ma mère. Merci, merci ; vous avez raison, pourquoi songer à demain quand l'heure présente est heureuse? Merci d'être venue à moi dès que je vous ai dit que j'étais accablé par la douleur, par le désespoir. Tout à l'heure j'étais désolé, maintenant je me sens rempli de force et d'espoir ; le cœur me bat noblement ; vous m'avez sauvé la vie, vous m'avez sauvé l'honneur ; mon courage est retrempé au feu de votre amour, je me sens aimé ! Je ferme les yeux, je me laisse conduire par vous ; ordonnez, j'obéis, je n'ai plus de volonté ; je vous confie le sort de cet amour qui est toute ma vie, qui est toute la vôtre.

— Oh! oui, toute ma vie ! — s'écria madame de Hansfeld avec une exaltation contenue.—En ayant en moi une confiance aveugle, vous verrez ce que peut une femme qui sait aimer. Demain écrivez-moi des nouvelles de votre mère, et dans huit jours vous saurez mon secret... Jusque-là, sauf la lettre de demain, pas un mot... je l'exige.

— Pas un mot! et pourquoi?

— Vous le saurez ; mais promettez-moi ce que je vous demande... dans l'intérêt de notre amour...

— Je vous le promets.

— Maintenant, adieu.

— Déjà?

— Il le faut. N'est-il pas bien imprudent que je sois ici ?

— Adieu, Paula. Votre main... un baiser... un seul.

— Et votre serment ! — dit Paula en remettant son masque et refusant de se déganter.

Elle sortit de la loge, traversa la foule et quitta le théâtre.

Iris l'attendait dans le fiacre comme la dernière fois.

Pendant tout le temps du trajet, madame de Hansfeld fut sombre et taciturne ; elle revint à l'hôtel Lambert par la petite porte secrète, elle monta chez elle accompagnée d'Iris.

L'amour passionné de Paula pour M. de Morville était arrivé à son paroxysme ; elle se sentait capable des déterminations les plus funestes ; sa raison était presque égarée ; elle craignait surtout que M. de Morville, malgré sa répugnance pour le mariage qu'on lui proposait, ne s'y décidât, vaincu par les sollicitations de sa mère mourante. Il pourrait peut-être gagner quelque temps ; mais avant huit jours tout devait être décidé pour Paula.

Iris, voyant la sombre préoccupation de sa maîtresse, en devina la cause et lui dit, après un assez long silence, en lui montrant une épingle à tête d'or constellée de turquoises, et fichée à une pelote recouverte de dentelle :

— Marraine, souvenez-vous de mes paroles...
Lorsque vous voudrez que la pensée que vous
n'osez vous avouer se réalise sans que vous ou moi
prenions la moindre part à son exécution, remettez-
moi cette épingle, peu de jours après, vous n'aurez
plus rien à désirer... Depuis que je vous ai parlé,
l'idée a germé dans le cœur où je l'avais semée ;
elle a grandi, elle sera bientôt mûre. Encore une
fois, cette épingle, et vous pourrez épouser M. de
Morville.

— Cette épingle ? — dit madame de Hansfeld
en pâlissant et en prenant sur la pelote le bijou et
le contemplant pendant quelques moments avec
une effrayante anxiété.

— Cette épingle — dit Iris en avançant la
main pour la saisir, le regard brillant d'un éclat
sauvage.

Madame de Hansfeld, sans lever les yeux, dit
d'une voix basse et tremblante :

— Ce que vous dites, Iris, est une sinistre plai-
santerie, n'est-ce pas ? Cela est impossible... Comment pourrez-vous ?...

— Donnez-moi l'épingle... ne vous inquiétez pas
du reste.

— Je serais folle de vous croire. Par quel mi-
racle ?...

En parlant ainsi, Paula, accoudée sur la cheminée et tenant toujours l'épingle, l'avait machinalement et comme en se jouant approchée de la main
d'Iris, étendue sur le marbre.

La bohémienne saisit vivement l'épingle.

La princesse, épouvantée, la lui retira des mains avec force en s'écriant :

— Non, non ; ce serait horrible... Oh ! jamais, jamais !... meurent plutôt toutes mes espérances.

---

# CHAPITRE XV.

## LE LIVRE NOIR.

Deux jours après la première entrevue de madame de Hansfeld et de M. de Morville au bal de l'Opéra, Iris avait apporté, selon sa promesse, le *livre noir* à M. de Brévannes ; celui-ci y avait lu les lignes suivantes, attribuées à la princesse :

« Je suis si troublée de cet entretien, que je puis à peine rassembler mes souvenirs ; j'ai peur de me rappeler ce que j'ai promis à M. de Brévannes, ce que je lui ai laissé deviner, peut-être...

« Quelle est donc la puissance de cet homme ? J'étais allée là bien résolue d'être pour lui d'une froideur impitoyable ; à peine l'ai-je vu... que j'ai oublié tout... jusqu'à ses menaces...

« Quelle fatalité l'a donc, pour mon malheur, ramené ici?...

« Non, non, je ne l'aimerai pas...

« Je me fais horreur à moi-même... Comment! en présence du meurtrier de Raphaël... je n'ai ressenti ni haine ni fureur... Oh! honte sur moi! il a remarqué ma faiblesse...

« Hélas! que faire?... Lorsque j'entends sa voix, lorsque son ardent regard... s'attache sur moi... mes résolutions les plus fermes m'abandonnent... je ne pense qu'à l'écouter..... qu'à le contempler...

« Il est si beau de cette beauté virile et hardie qui, la première fois que je l'ai vu, m'a laissé une impression profonde... ineffaçable... Tout en lui, annonce un de ces hommes passionnément énergiques qui aiment.... comme je saurais aimer... comme je n'ai jamais été aimée... Oh! si ma volonté et la sienne étaient unies... à quel terme de félicité n'arriverions-nous pas!...

« Béni soit ce livre... je puis lui dire ce que je n'oserais dire à aucune créature humaine... ce que je n'oserais même relire tout haut...

« Il m'a demandé de me présenter sa femme... D'avance, je la hais... c'est pourtant à elle que je devrai de recevoir un jour son mari... mais cette obligation m'irrite contre elle; c'est son bonheur que j'envie... elle porte le nom de cet homme qui exerce sur moi une si incroyable influence... ce nom que maintenant je ne puis entendre sans trouble... Oh! cette femme, je la hais, je la hais... elle est trop heureuse!

« Après tout, pourquoi rougir de mon amour? Il ne sera jamais coupable... car il ne sera jamais heureux...

« Mon ambition de cœur est trop grande... jamais *lui* ne saura ce qu'il aurait pu être pour moi, si tous deux nous eussions été libres! Oh! quel rêve! quel paradis!

« La passion que j'éprouve est trop puissante, trop immense, pour descendre jusqu'aux mensonges auxquels nous serions réduits, lui et moi, si nous cherchions les plaisirs d'un amour vulgaire... Non, non... lui appartenir au grand jour, à la face de tous, porter noblement et fièrement son nom... ou ensevelir mon malheureux amour au plus profond de mon cœur... aucune puissance humaine ne me fera sortir de l'une de ces deux alternatives...

« Or, comme lui et moi portons les chaînes du mariage... chaînes bien lourdes!... or, comme le hasard, en libérant l'un de nous deux, ne libérerait pas l'autre... ma vie ne sera qu'un long regret, qu'un long supplice... Ce que je dis est vrai; je n'ai aucun intérêt à me mentir à moi-même... Je connais assez la fermeté de mon caractère pour être sûre de ma résolution...

« Et puis, *lui* aussi a tant de volonté, tant d'énergie, que c'est être digne de lui que de l'imiter dans son énergie, dans sa volonté, lors même qu'elles seraient employées à lui résister...

« Oh! il ne sait pas ce que c'est de pouvoir se dire qu'on a résisté à un homme comme lui.

« J'éprouve un charme étrange à me rendre ainsi compte des pensées qu'il ignorera toujours, à être dans ces confidences muettes aussi tendre, aussi passionnée pour lui que je serai froide, réservée en sa présence; je suis contente de ma dernière épreuve à ce sujet... De quel air glacial je l'ai reçu !

« Mais aussi quel courage il m'a fallu!... Sans la présence d'Iris, j'eusse été plus froide encore; mais, la sachant là, j'étais rassurée contre moi-même.

« Cette jeune fille m'inquiète, elle m'entoure de soins; pourtant je ne sais quel vague pressentiment me dit qu'il y a de l'hypocrisie dans sa conduite. Elle est sombre, distraite, préoccupée; que lui ai-je fait? Quelquefois, il est vrai, dans un accès de tristesse et de morosité, je la rudoie... J'y songerai... je la surveillerai.

« Que viens-je d'apprendre?... Non, non, c'est impossible... l'enfer n'a pas voulu cela...

« Sa femme... Berthe de Brévannes, lui serait infidèle!...

« Si les preuves qu'on vient de m'apporter étaient vraies...

« Oh! il est indignement joué... La misérable!... avec son air doux et candide... elle ne sent donc pas ce que c'est que d'être assez heureuse, assez honorée pour porter son nom? Lui!.. lui trompé... comme le dernier des hommes... lui raillé, moqué peut-être... Je ne sais ce que je ressens à cette idée, qui ne m'était jamais venue.

« Oh ! je suis folle... folle... ce n'est pas de l'amour, c'est de l'*idolâtrie*. »

Le mémento supposé de madame de Hansfeld avait été perfidement interrompu à cet endroit.

En lisant les derniers mots, qui avaient rapport à une prétendue infidélité de Berthe, M. de Brévannes bondit de douleur et de rage.

Par cela même que la lecture de la première partie de ce journal l'avait plongé dans tous les ravissements de l'orgueil, et de l'orgueil exalté jusqu'à sa dernière puissance, ce contre-coup lui fut plus douloureux encore ; il ne se posséda pas de fureur en pensant qu'il jouait peut-être un rôle ridicule aux yeux de Paula ; il connaissait assez les femmes pour savoir que s'il leur est doux, très doux, d'enlever un mari ou un amant à un cœur fidèle, elles se soucient médiocrement de servir de vengeance, de représailles à un homme qu'on a trompé.

Iris elle-même avait été effrayée de l'expression de colère et de haine qui contracta les traits de M. de Brévannes lorsqu'il eut lu ce passage du livre noir ; elle quitta le mari de Berthe, bien certaine d'avoir frappé où elle voulait frapper.

En effet, elle laissa M. de Brévannes dans un état d'exaltation impossible à décrire.

D'un côté, il se flattait d'être aimé par madame de Hansfeld avec une incroyable énergie ; mais il

avait presque la certitude de ne pouvoir rien obtenir d'une femme si résolue, qui puisait dans la violence même de son amour la force de résistance
qu'elle comptait déployer, voulant et croyant fer-
mement prouver sa passion par des refus opiniâtres
dont elle se glorifiait.

D'un autre côté, son sang bouillonnait de courroux en songeant que Berthe le trompait, qu'il était
peut-être déjà l'objet des sarcasmes du monde.
Les moindres circonstances de son entretien avec
sa femme lui revinrent à l'esprit, il y trouva la
confirmation des soupçons que quelques lignes du
livre noir venaient d'éveiller.

Il ne savait que résoudre. Le lendemain il devait
présenter sa femme chez madame de Hansfeld; il
lui fallait donc ménager Berthe jusqu'après cette
présentation, qu'il regardait comme si importante
pour l'avenir de son amour; mais comment se con-
traindrait-il jusque-là, lui toujours habitué de faire
sous le moindre prétexte supporter à sa femme ses
accès d'humeur?

Il s'épuisait à chercher quel pouvait être le
complice de madame de Brévannes; après de mûres
réflexions, se souvenant des goûts retirés que Berthe avait récemment affectés, il se persuada que
celle-ci s'abandonnait à quelque obscur et vulgaire amour.

Iris, avec une infernale sagacité, avait justement
dans le livre noir fait insister Paula sur le bonheur
et sur l'orgueil qu'elle aurait à porter le nom de

M. de Brévannes... Et c'était ce nom que Berthe
déshonorait.

Le piége était trop habilement tendu pour que
cet homme vain, jaloux, orgueilleux, et d'une mé-
chanceté cruelle lorsqu'on blessait son amour-propre, pour que cet homme, disons-nous, n'y tombât
pas, et n'entrât pas ainsi dans un ordre d'idées nécessaires au plan diabolique d'Iris...

En effet, après avoir passé par tous les degrés de
la colère et s'être mentalement abandonné aux menaces les plus violentes contre Berthe et son complice inconnu, tout à coup M. de Brévannes sourit
avec une sorte de joie féroce ; il se calma, s'apaisa,
plus que satisfait de la trahison de Berthe ; il n'eut
plus qu'une crainte... celle de ne pas pouvoir se
procurer des preuves flagrantes de son déshonneur.

. . . . . . . . . . . . . .

Il jugea nécessaire à ses projets de cacher à madame de Brévannes la dénonciation qu'il avait reçue, pour épier ses moindres démarches ; il voulait
l'endormir dans la plus profonde sécurité.

Aussi, le lendemain (jour de la présentation de
Berthe à madame de Hansfeld) M. de Brévannes
entra chez sa femme, après s'être fait précéder d'un
énorme bouquet et d'une charmante parure de
fleurs naturelles.

# CHAPITRE XVI.

## CONVERSATION.

Berthe, peu accoutumée à de telles prévenances de la part de M. de Brévannes, fut doublement surprise de ce cadeau de fleurs, surtout après la scène de la veille, scène dans laquelle son mari s'était montré si grossier.

Elle fut non moins étonnée de son air contrit et doucereux ; mais dans son ingénuité elle se laissa bientôt prendre au faux sourire de bonté qui tempérait à ce moment la rudesse habituelle des traits de M. de Brévannes.

Quoiqu'elle eût fait son possible pour ne pas aller à l'hôtel Lambert dans la crainte d'y rencontrer M. de Hansfeld, Berthe se sentait intérieurement coupable de cacher à son mari les entrevues qu'elle avait eues chez Pierre Raimond avec Arnold ; aussi s'exagérait-elle encore ses torts à la moindre bonne parole de M. de Brévannes.

Ce fut donc presque avec confusion qu'elle le remercia des fleurs qu'il lui avait envoyées.

— En vérité, Charles — lui dit-elle — vous êtes mille fois bon, vous me gâtez... ce bouquet était magnifique, cette parure de camélias est de trop.

— Vous avez raison, ma chère amie, vous n'avez pas besoin de tout cela pour être charmante... mais je n'ai pu résister au désir de vous envoyer ces fleurs, malgré leur inutilité; je suis ravi que cette légère attention vous ait fait plaisir... J'ai tant à me faire pardonner...

— Que voulez-vous dire ?

— Sans doute: hier, n'ai-je pas été brusque, grondeur?... N'ai-je pas enfin fait tout ce qu'il fallait faire pour être exécré ? Mais les maris sont toujours ainsi.

— Je vous assure, Charles, que j'avais complétement oublié...

— Vous êtes si bonne et si généreuse... Vraiment quelquefois je ne sais comment j'ai pu méconnaître tant de précieuses qualités...

— Charles... de grâce.

— Non vraiment... cela m'explique l'incroyable, l'aveugle confiance que j'ai toujours eue en vous, à part quelques accès de jalousie sans motif, bien entendu... Tenez, vous ne sauriez croire combien surtout notre conversation d'hier a augmenté ma confiance en vous.

— Mon ami...

— Dans le premier moment, je l'avoue... la franchise de vos craintes m'a un peu effrayé; mais depuis, en y réfléchissant, j'y ai trouvé au contraire les plus sérieuses garanties pour l'avenir, et une preuve de plus de votre excellente conduite...

— Je vous en prie, ne parlons plus de cela — dit Berthe avec un embarras qui n'échappa pas à son mari.

— Au contraire, parlons-en beaucoup, ce sera ma punition, car j'avoue mes torts... J'étais stupide de me fâcher de votre loyauté ! Pourquoi n'aurait-on pas la modestie de l'honneur comme la modestie du talent ? Si je vous avais priée de chanter dans un salon, devant un nombreux public, m'auriez-vous dit : — Je suis certaine de chanter admirablement bien ?... Non, vous eussiez manifesté toutes sortes de craintes... Et pourtant il est certain que peu de talents égalent le vôtre... Eh bien ! vous m'avez parlé avec la même modestie de votre future condition dans le monde où je vous oblige d'aller, vous m'avez dit avec raison : « — J'ai le désir de rester fidèle à mes devoirs, mais je redoute les séductions et les périls qui entourent ordinairement une jeune femme, et j'aime mieux fuir ces dangers que les combattre... »

— Encore une fois, je vous en prie, oublions tout ceci — dit Berthe véritablement émue et touchée de la bonté de son mari.

— Oh ! je ne vous céderai pas sur ce point — reprit celui-ci — je vous prouverai que je m'obstine dans le bien comme dans le mal ; ma franchise égalera votre loyauté... ce qui n'est pas peu dire, et vous saurez aujourd'hui ce que je vous ai tu hier.

— Quoi donc ?

— Je vous parle rarement de mes affaires... mais cette fois vous m'excuserez si j'entre dans quelques détails.

— Mon Dieu... je vous prie...

— Un des parents de madame la princesse de Hansfeld est très haut placé en Autriche et peut me servir beaucoup en faisant obtenir d'importants priviléges à une compagnie industrielle qui se forme à Vienne et dans laquelle j'ai des capitaux engagés. En me faisant présenter à la princesse, en vous priant d'être aimable pour elle, vous le voyez, j'agis un peu par intérêt... mais cet intérêt est le vôtre... puisqu'il s'agit de notre fortune.

— Mon Dieu, pourquoi ne m'avoir pas dit cela hier ?

— Je vous l'aurais dit probablement ; mais la persistance de vos refus à propos de cette présentation m'a contrarié. Vous savez que j'ai un très mauvais caractère ; ma tête est partie... nous nous sommes séparés presque fâchés, et je n'ai pas eu l'occasion de vous apprendre ce que je voulais vous dire.

— S'il en est ainsi, Charles, croyez que je ferai tout mon possible pour être agréable à la princesse, puisqu'il s'agit de vos intérêts ; j'aurai de la sorte un but en allant chez elle, et je redouterai beaucoup moins les périls que j'ai la vanité de craindre.

— Voyez, ma chère enfant, ce que c'est que de s'entendre, comme toutes les difficultés s'aplanissent... Oh! que je m'en veux de ma vivacité; on s'explique si mal quand on est fâché! Mais tenez, puisque nous sommes en confiance, laissez-moi vous parler à cœur ouvert.

— Je vous en prie... si vous saviez combien je suis touchée de ce langage si nouveau pour moi.

— C'est que le sentiment que j'éprouve pour vous est aussi presque nouveau pour moi.

— Charles, je ne vous comprends pas.

Après un moment de silence, M. de Brévannes reprit :

— Écoutez-moi, ma chère enfant. On aime sa femme de deux façons, comme maîtresse ou comme amie. Pendant longtemps je vous ai aimée de la première façon. Des torts que je ne veux pas nier, mais que vous avez punis par une décision irrévocable, ne me permettent plus de vous aimer que comme amie; mais pour passer de l'un à l'autre de ces deux sentiments, la transition est pénible... surtout lorsqu'il faut renoncer à une aussi charmante maîtresse.

— De grâce...

— Le sacrifice est fait... c'est à mon amie, à ma sincère amie que je parle, que je parlerai désormais.

M. de Brévannes dissimula si parfaitement ses mauvais desseins, et dit ces mots d'une voix si pénétrante, qu'une larme roula dans les yeux de Berthe; un aveu de ses torts lui vint aux lèvres. Elle prit la main de son mari, la serra cordialement entre les siennes et répondit :

— Et désormais votre amie fera tout au monde pour être digne de...

— Assez, ma chère enfant — dit M. de Brévannes en interrompant Berthe; — je sais tout ce que vous valez... et qu'on est toujours sûr d'être entendu lorsqu'on s'adresse à votre délicatesse... Mais permettez-moi de terminer ce que j'ai à vous dire... Par cela même qu'il y a deux manières d'aimer sa femme, il y a deux manières d'en être jaloux..

— Je ne vous comprends pas, mon ami.

C'est ce que je crains, surtout à propos de quelques-unes de mes paroles d'hier que vous avez peut-être mal interprétées.

— Comment?

— Sans doute; malheureusement notre entretien est monté tout à coup sur un ton si haut que tout s'est élevé en proportion; quand je vous parlais de la différence de la jalousie, de l'amour et de l'amour-propre, je voulais dire que l'on n'est pas jaloux de la même façon lorsque votre femme est votre amie au lieu d'être votre maîtresse; dans le premier cas, le cœur souffre; dans le second, c'est l'orgueil; et malheureusement l'orgueil n'a pas, comme l'amour, de ces retours de tendresse qui calment et adoucissent les blessures les plus douloureuses... me comprenez-vous?

— Mais...

— Pas encore, je le vois. Je voudrais vous parler plus franchement... mais je crains de mal m'expliquer et de vous choquer peut-être.

— Parlez... ne craignez rien.

— Eh bien, écoutez-moi, ma chère enfant. Depuis longtemps vous n'êtes plus pour moi qu'une amie; mais vous avez à peine vingt-deux ans. Ces séductions dont vous parlez, vous avez raison de les craindre; personne plus que vous ne peut y être exposée... car ma conduite envers vous, je ne le nie pas, pourrait sinon autoriser, du moins excuser vos fautes.

— Ah! monsieur... pouvez-vous penser?...

— Laissez-moi achever... Si j'ai toujours le droit d'être, comme je le suis, horriblement jaloux par orgueil, c'est-à-dire jaloux des dehors, des apparences de votre conduite, j'ai malheureusement perdu le droit d'être jaloux de votre cœur; j'ai seul causé votre refroidissement par mes infidélités, par mes duretés. Il serait donc souverainement injuste et absurde de ma part, je ne dirai pas d'exiger, mais d'espérer qu'à votre âge votre cœur soit à tout jamais mort pour l'amour.

Berthe regarda son mari avec stupeur.

— Tout ce que je demande, tout ce que j'ai le droit d'attendre de mon amie — reprit-il — et à ce sujet elle me trouverait inexorable, c'est, par sa conduite extérieure, de respecter aussi scrupuleusement l'honneur de mon nom que si elle m'aimait comme le plus aimé des amants; en un mot, ma chère enfant, votre vie publique m'appartient parce que vous portez mon nom... la vie de votre cœur doit être murée pour moi, puisque j'ai perdu le droit d'y être intéressé. Tout ce que je vous dis semble vous étonner ; pourtant, réfléchissez bien ; souvenez-vous de notre conversation d'hier, et vous verrez que je vous dis à peu près les mêmes choses... le ton seul diffère... Pour me résumer en deux mots, de ce jour vous avez votre liberté complète, absolue ; vous vous appartenez tout entière... nous sommes séparés sinon de droit, du moins de fait. Mais par cela même que cette liberté intime est plus absolue, vous devez pousser jusqu'au dernier scrupule la stricte observation de vos devoirs apparents ; et, je vous le répète, autant vous me trouverez tolérant ou plutôt ignorant à propos de vos intérêts de cœur, autant vous me trouverez rigoureux, impitoyable à l'endroit du respect des convenances. Méditez bien ceci, ma chère enfant ; dès aujourd'hui nos positions sont nettement tranchées. J'aurai sans doute plutôt besoin que vous de cette tolérance mutuelle à laquelle nous venons de nous engager pour nos affaires de cœur... mais je n'en suis pas encore aux confidences ; et plus tard j'aurai peut-être à solliciter l'indulgence de mon amie. A propos d'indulgence, je vous demanderai bientôt la permission de vous quitter et de vous laisser seule... D'ici à peu de jours je partirai pour un voyage très court, mais très important...

— Vous partez... vous partez... dans ce moment ?...

— Pour très peu de temps, vous dis-je, une ou deux semaines au plus... Des affaires urgentes... Mais pendant ce temps je vous confierai mes intérêts auprès de madame de Hansfeld, bien certain qu'ils ne peuvent être mieux placés qu'entre vos mains... Allons, ma chère enfant, à tantôt. Faites-vous bien belle ; car si je n'ai plus ma vanité d'amant, j'ai ma vanité de mari.

Ce disant, M. de Brévannes baisa Berthe au front et sortit.

Quelques moments de plus, sa haine et sa rage éclataient malgré lui.

Les mille émotions qui s'étaient peintes sur la candide physionomie de Berthe pendant que son mari parlait, l'espèce de joie involontaire dont elle avait eu honte un moment après, mais qu'elle n'avait d'abord pu cacher lorsqu'il lui avait rendu sa liberté ; son inquiétude vague, ses espérances tour à tour éveillées et contenues, tout avait éclairé M. de Brévannes sur la position du cœur de Berthe.

Il n'en doutait plus, elle aimait ; il était trop sagace pour s'y tromper.

Il avait un rival... sa femme le trompait.

Ce fut donc avec une secrète et sombre satisfaction qu'il s'applaudit d'avoir plongé madame de Brévannes dans la plus complète, dans la plus profonde sécurité.

FIN DE LA DEUXIÈME PARTIE.

# TROISIÈME PARTIE.

---

## CHAPITRE XVII.

### RÉSOLUTION.

La passion de madame de Hansfeld pour M. de Morville avait encore augmenté depuis sa dernière entrevue au bal de l'Opéra.

Cet amour était chez Paula un bizarre mélange de nobles exaltations et de funestes arrière-pensées. Elle aurait cru avilir l'homme qu'elle aimait, en souffrant qu'il se parjurât, et elle était résolue sinon d'ourdir, du moins de laisser tramer par Iris un complot infernal contre les jours de son mari, pour pouvoir épouser M. de Morville, sans que celui-ci faillît à son serment.

En vain Paula restait étrangère à cette machination, dont elle entrevoyait à peine les résultats; elle sentait, à la violence même de ses hésitations, de ses craintes, de ses remords anticipés, quelle part criminelle elle prenait dans cette épouvantable action, uniquement conçue dans l'intérêt de son amour.

Chose étrange pourtant!... Si les révélations d'Iris avaient eu lieu quelques mois plus tôt, alors

que le prince éprouvait toute la première ardeur
de sa passion pour Paula, passion à la fois si aveugle et si clairvoyante, qu'elle ne pouvait s'affaiblir
par l'apparente évidence des crimes de sa femme,
dont il pressentait l'innocence ; si les révélations
d'Iris, disons-nous, avaient eu lieu, lorsque le seul
obstacle que Paula pût opposer à l'amour du prince
était le souvenir de Raphaël... Raphaël toujours
regretté, toujours adoré ; qu'arrivait-il ?

Arnold apprenait l'innocence de Paula ; Paula,
l'indigne tromperie de Raphaël.

Que de chances alors pour que madame de
Hansfeld partageât l'amour du prince qui méritait
tant d'être aimé, qui s'était montré si vaillamment
épris ! A force de soins, de tendresse, il se serait
fait pardonner des soupçons dont il avait le premier
si généreusement souffert ; Paula eût reconnu combien il avait, en effet, fallu de passion, d'opiniâtre
passion à son mari pour continuer de l'aimer
malgré de si funestes apparences : la vie la plus
heureuse se fût alors ouverte devant elle, devant
lui.

Malheureusement, les révélations d'Iris avaient
été trop tardivement forcées ; plus malheureusement encore M. de Hansfeld aimait Berthe, et madame de Hansfeld M. de Morville. Ce double et
fatal amour rendait leur position intolérable.

Madame de Hansfeld devait rester à jamais enchaînée à un homme qui ne l'aimait plus ; cet
homme aimait une autre femme ; et pour faire ou-

blier à Paula les odieux soupçons dont elle avait été victime, il ne pouvait que l'entourer d'égards froids et contraints.

Et séparée de lui par un obstacle insurmontable, elle voyait à travers le prisme enchanteur de l'amour un homme jeune, beau, spirituel, passionné... si passionné qu'il avait voulu lui sacrifier ces deux religions de toute sa vie : *sa parole! sa mère!* et Paula n'avait pas même la consolation de songer que l'accomplissement de ses devoirs ferait au moins le bonheur de M. de Hansfeld.

Celui-ci, trouvant de son côté réunies chez Berthe les grâces et les qualités les plus séduisantes, se livrait sans remords à cet amour, Paula lui ayant toujours manifesté son indifférence.

Telle était la position de M. et de madame de Hansfeld, au moment où celle-ci, pour ménager M. de Brévannes, qui pouvait la calomnier si dangereusement, allait le recevoir à l'hôtel Lambert, ainsi que Berthe.

L'exaltation de Paula était arrivée à ce point qu'elle ne pouvait supporter plus longtemps sa position. Elle avait fixé à M. de Morville le terme de huit jours pour lui faire part de sa résolution suprême, parce qu'elle voulait qu'avant huit jours le sort de sa vie entière fût décidé.

Ou elle aurait le courage de profiter des offres d'Iris, ou elle se tuerait... si le projet de la jeune fille lui semblait exiger une complicité pour ainsi dire trop directe, trop personnelle.

Rien ne semble plus étrange, et rien n'est pourtant plus réel que ces compositions, que ces atermoiements avec le crime... Les juges ne sont pas .les seuls à y trouver des *circonstances atténuantes.*

Madame de Hansfeld venait de faire demander Iris : celle-ci entra.

## CHAPITRE XVIII.

### L'ÉPINGLE.

— Vous m'avez demandée, marraine ? — dit Iris.

— Oui... Fermez la porte... et voyez si personne ne peut nous entendre. Iris sortit un instant et revint.

— Personne, marraine.

Le cœur de Paula battait d'une façon étrange ; elle baissait les yeux devant le regard pénétrant de la bohémienne ; enfin elle lui dit avec effort :

— Écoutez bien ; la conversation que je vais avoir avec vous sera la dernière que nous aurons au sujet de... ce que vous savez. Vous m'avez dit, il y a quelques jours : Un mot, un signe de vous... cette épingle... je suppose, et...

Paula ne put achever.

Iris reprit :

— Et vous êtes libre !...

— Vous m'avez dit cela...

— Je le répète...

— Vous prétendez m'être dévouée ?

— Autréfois, maintenant, toujours.

— Donnez-m'en une preuve.

— Parlez, marraine.

— Dites-moi par quel moyen vous prétendez *me rendre libre...*

La voix de madame de Hansfeld s'altéra ; elle reprit aussitôt et plus vivement : — Sans que ni vous ni moi soyons complices de... ce... ce qu'il faut faire pour cela.

Ces mots semblèrent brûler les lèvres de madame de Hansfeld.

— Pourquoi cette question ?

— Je ne crois pas à la possibilité de ce que vous m'avez proposé ; je ne songe pas à en profiter ; mais je veux connaître par quels moyens... vous prétendez... enfin, vous me comprenez...

— A quoi bon vous en instruire ?...

—S'ils me paraissent moins horribles que je ne le suppose... peut-être... je ne sais... — Puis la princesse, épouvantée de ce qu'elle venait de dire, mit la main sur ses yeux et s'écria : — Non, non, laissez-moi... allez-vous-en, ne revenez plus, je ne veux plus vous voir... sortez...

— Marraine, en grâce !...

— Non... sortez, vous dis-je...

— Eh bien! je vais vous dire par quels moyens...

Et Iris baissa la voix, attendant avec anxiété une nouvelle injonction de sortir.

Paula resta muette.

Iris continua :

— Oui, je puis, si vous l'exigez, vous dire par quels moyens vous pouvez être libre... Mais prenez garde... prenez garde...

Madame de Hansfeld regarda fixement Iris.

— Que je prenne garde?

— Oui... vous pourrez amèrement regretter de m'avoir interrogée à ce sujet...Vous avez des scrupules, ils deviendront plus grands encore si vous êtes instruite de mes desseins... Sans la parole que vous m'avez fait donner de ne pas agir à votre insu... je vous aurais épargné ces angoisses... Quelquefois même je me demande s'il n'est pas insensé à moi de vous obéir pour cela... Je n'ai d'autre but que votre bonheur... L'odieux du parjure ne retomberait que sur moi... peu importe... vous seriez heureuse.

— Oseriez-vous manquer à ce que vous m'avez promis ?

— Malheureusement je ne l'ose pas; un mot de vous est une loi pour moi... Au moins que cette soumission à vos volontés vous donne une foi profonde, aveugle, dans ma parole...

— Dans votre parole ? — dit amèrement Paula.

— Oui... et je vous jure que les événements ont marché de telle sorte, sans que vous y soyez mêlée en rien, vous le savez mieux que personne... qu'avant huit jours... vous serez peut-être libre... et non seulement aucun soupçon ne vous atteindra, mais l'intérêt, mais les sympathies du monde seront pour vous...

Madame de Hansfeld regarda Iris avec surprise, presque avec stupeur.

— Mais, s'il en est ainsi, pourquoi ne pas me faire part de ces événements, puisque j'y suis, dites-vous, absolument étrangère ?

— A cause de vos scrupules, marraine.

— De mes scrupules ! pourquoi en aurais-je ? Ne suis-je pas innocente de ce qui se passe ?

— Vos scrupules naîtront... quoique insensés... Ils naîtront, vous dis-je, et vous les écouterez.

— Comment cela ?

— Supposez-vous instruite, par je ne sais quel prodige, de l'avenir d'une personne qui vous soit absolument indifférente... que vous ne connaissez même pas... Cette prescience vous apprend que cette personne doit mourir dans huit jours... mourir fatalement, sans que vous soyez pour rien dans les causes de cette mort, sans qu'elle vous profite en rien... sans que vous puissiez changer le cours des événements qui l'amènent... N'éprouverez-vous pas une sorte d'angoisse à cette révélation ? ne vous regarderez-vous pas pour ainsi dire comme complice du destin en voyant cette personne igno-

rante du sort terrible qui l'attend, tandis que vous
en êtes instruite... vous ?

— Je ne me croirais pas complice de cette mort,
mais j'éprouverais de la terreur en voyant cette
personne marcher, confiante et paisible, vers un
abîme qu'elle ignore.

— Eh bien ! cette terreur ne deviendra-t-elle pas
un remords s'il s'agit de votre mari, si sa mort comble tous vos vœux, réalise toutes vos espérances ?

— Que dites-vous ?

— Quelque innocente que vous fussiez d'une
telle catastrophe, ne vous regarderiez-vous pas
presque comme criminelle... seulement parce que
vous étiez instruite à l'avance ? Encore une fois,
ne m'interrogez pas davantage... ne me forcez pas
à parler... vous vous en repentiriez, il serait trop
tard... Confiez-vous à moi.

— Me confier à vous... non, non, je sais ce
dont vous êtes capable... J'étais certainement innocente de vos affreuses tentatives sur M. de Hansfeld... et les apparences me condamnaient. Pourtant je vous dis que je veux tout savoir.

—Êtes-vous décidée à renoncer à M. de Morville ?

— Que vous importe ?...

— Il faut que je le sache... dans ce cas seulement je dois parler... Il serait cruel de laisser périr
pour rien... deux créatures de Dieu...

— La vie de deux personnes serait donc en danger ? — s'écria madame de Hansfeld.

— Malheur sur moi ! malheur sur vous ! — dit

Iris désolée ou paraissant l'être de l'indiscrétion qui lui échappait. — Vous me faites dire ce que je ne voulais pas dire. Eh bien ! oui, à cette heure, la vie de deux personnes est en danger...

— Béni soit Dieu qui t'a fait parler ; jamais je n'achèterai le bonheur de ma vie entière à un tel prix... Je renonce à M. de Morville, et que je sois maudite si jamais...

— Arrêtez... marraine. Je sais la puissance de vos scrupules... mais je sais aussi la puissance de votre amour... Quoiqu'il s'agisse de la vie de deux personnes... vous pourriez être maudite...

— Malheureuse...

— Tenez, marraine, laissons les événements suivre leur cours... ce qui sera... sera...

— Maintenant que tu m'as rempli l'âme de terreur, car je sais ce dont tu es capable, tu veux te taire... Non, non, parle... je l'exige...

— Eh bien donc, puisque vous m'y forcez, apprenez tout... Le prince aime Berthe et il en est aimé... Vous savez la jalousie féroce de M. de Brévannes... Il hait déjà le prince parce qu'il est votre mari... Maintenant qu'il le sait aimé de sa femme, il le hait à la mort... Supposez Berthe assez imprudente pour accorder un rendez-vous à M. de Hansfeld, rendez-vous innocent ou coupable, volontaire ou forcé, peu importe ; M. de Brévannes en est instruit, il les surprend tous deux par la ruse : les apparences sont contre eux... Que fait-il ? dites, que fait-il ?

— Mon Dieu!... mon Dieu!..

— Que fait-il! Il se croit aimé de vous, il croit qu'en vous rendant libres, vous et lui, par le double meurtre qu'il peut commettre impunément, il obtiendra votre main...

— Mais c'est une machination infernale...

— Mais seriez-vous libre... ou non?... Et en quoi auriez-vous participé à tout ceci?... Votre mari vous trompe... pour la femme d'un homme que vous haïssez... Qu'y pouvez-vous?... Cet homme les tue tous les deux... Êtes-vous sa complice? Qui vous empêche ensuite d'épouser M. de Morville?... En quoi lui-même peut-il jamais vous soupçonner d'avoir trempé dans cette machination?... Bien plus, ainsi que je vous le disais, l'intérêt, les sympathies du monde ne seront-ils pas pour vous?...

— Vous êtes folle... A peine M. de Brévannes se porterait-il à une si terrible extrémité s'il se croyait aimé de moi, et encore il n'oserait pas m'offrir une main... teinte du sang de mon mari...

— Cet homme est d'une jalousie d'orgueil si sauvage, que dans aucune circonstance il n'aurait hésité à tuer sa femme et son séducteur; mais comme il vous aime avec d'autant plus d'ardeur qu'il se croit follement aimé de vous, il ne doute pas que vous ne braviez les convenances jusqu'à lui donner votre main, et il se hâte à cette heure de tendre le piége où sa femme et votre mari doivent infailliblement périr.

— Mais vous perdez la raison. Cet homme, si vaniteux qu'il soit, ne se croira jamais aimé de moi. A peine lui ai-je dit quelques paroles bienveillantes pour conjurer le mal qu'il pouvait me faire.

— Mais... j'ai parlé pour vous... moi !

— Vous avez parlé pour moi ?

Et Iris raconta à madame de Hansfeld l'histoire du *livre noir*.

Paula resta muette, anéantie, à cette révélation.

Elle ne pouvait croire à tant d'audace, à une combinaison si diabolique.

— Mais c'est épouvantable ! — s'écria-t-elle.

Iris regarda sa maîtresse en souriant d'un air étrange, et lui dit :

— Vous m'aviez jusqu'ici reproché d'agir sans votre consentement... j'ai eu tort... Je voulais vous cacher le fil des événements qui se préparaient, vous m'avez forcée de vous le découvrir... Vous devez vous en repentir, maintenant que vous savez tout... Ignorante de cette trame, son succès était pour vous un coup du hasard, vous en profitiez sans remords ; maintenant vous en êtes instruite... si vous ne la dévoilez pas, vous en êtes complice.

— Et pourquoi m'avez vous obéi ? — s'écria machinalement madame de Hansfeld. — Pourquoi m'avez-vous appris ces horreurs ?

Ce mot était odieux, il révélait la secrète et homicide pensée de Paula.

— Je vous ai obéi — reprit amèrement Iris —

parce que j'attendais cet ordre avec impatience, et que si vous ne me l'aviez pas donné je vous aurais de moi-même instruite de tout ceci...

— Que dit-elle?

— Je ne m'abuse pas ; en travaillant à votre bonheur, c'est à ma perte que je cours : lorsque vous aurez épousé M. de Morville, je ne serai plus pour vous qu'un objet de mépris et d'horreur... Certes, j'aurais pu agir en silence, sans vous prévenir, et vous laisser recueillir innocemment le fruit de cette sanglante combinaison. Mais je l'avoue... je n'ai pas eu ce courage; je veux bien mourir pour vous, mais à condition que vous me disiez au moins : — Meurs pour moi !

— Étrange et abominable créature!

— Votre bonheur causera ma perte, je le sais ; mais au moins, au sein de votre heureux amour, peut-être aurez-vous un souvenir pour moi...

— Si vous vous sacrifiez ainsi dans mon intérêt, vous eussiez attendu que ce que vous appelez mon bonheur fût assuré pour me faire cette nouvelle révélation...

— Non, marraine ; il se peut que vous ayez plus de vertu que d'amour, et alors votre bonheur eût été à tout jamais empoisonné. A cette heure, au contraire, en apprenant à quel prix vous auriez épousé M. de Morville, vous pouvez choisir, vous avez entre vos mains l'avenir de votre amour pour M. de Morville, le sort de Berthe de Brévannes et de votre mari... Un mot de vous à M. de Bré-

vannes au sujet du *livre noir*... et il sait que vous
ne l'aimez pas, qu'il est dupe d'une fourberie dont
je suis l'auteur, et qu'au lieu de conduire sa femme
à l'hôtel Lambert pour la faire plus sûrement tomber dans le piége qu'il lui tend ainsi qu'à M. de
Hansfeld, il doit arracher Berthe à cet amour innocent encore... puisque la mort de sa femme et du
prince lui est inutile; tel est votre devoir, marraine, faites-le. Sans doute, M. de Brévannes,
furieux, répandra contre vous les plus atroces calomnies... Que vous importe?... ce sont des calomnies... Sans doute, M. de Morville pourra s'en affli-
ger, y croire, et sourire amèrement en songeant à
l'amour idéal et romanesque qu'il avait pour vous;
cela est triste; que vous importe?... pendant la
longue vie qu'il vous reste à passer auprès du
prince que vous n'aimez pas, et qui ne vous aime
plus... vous pourrez vous répéter glorieusement
chaque jour : J'ai fait mon devoir.

— Oh! maudite sois-tu, démon vomi par l'enfer!... s'écria madame de Hansfeld avec égarement; — laisse-moi... laisse-moi... Pourquoi
viens-tu m'enfermer dans un cercle affreux dont
je ne puis sortir sans causer la mort de deux infor-
tunés, ou sans me jeter dans l'abîme d'un désespoir sans fin?

— Vous assombrissez bien les couleurs du tableau, marraine; vous pouvez sortir du cercle affreux dont vous parlez... mais pour aller le front
haut et fier à l'autel avec M. de Morville, pour pas-

ser auprès de lui la vie la plus belle et la plus
honorée.

— Oh! tais-toi... tais-toi!

— Et cela sans lui faire parjurer ses serments, et
cela sans le rendre coupable envers sa mère, car
elle bénirait ce mariage, que vous pouvez contrac-
ter avec joie... sans honte, sans crime, en restant
paisible à attendre les événements... ne provoquant
rien, ne faisant rien, ne sachant rien...

— Tais-toi! oh! tais-toi!

— N'encourageant pas même par un mot hypocrite la vengeance féroce et intéressée de M. de
Brévannes, en étant toujours avec lui froidement
polie... Tout est prévu... Le livre noir parlera
pour vous : le livre noir dira que, pour rendre
plus tard votre mariage possible, il ne faut pas
qu'on soupçonne M. de Brévannes de vous aimer
et d'avoir calculé la vengeance qu'il aura tirée du
prince et de Berthe... Cela vous épargne encore
une assiduité qui, remarquée dans le monde, aurait pu éveiller la jalousie de M. de Morville... Je
vous dis que tout était prévu... soigneusement
prévu, marraine.

— Mon Dieu!... mon Dieu, délivrez-moi de
l'obsession de cette créature!

— De sorte qu'après le tragique événement —
reprit imperturbablement Iris — M. de Brévannes
n'a aucun reproche à vous faire, et vous lui fermez votre porte sans un mot d'explication. Brévannes éclatera... que pourra-t-il faire ou dire? Le

livre noir est entre mes mains, il n'a pas une lettre de vous ; d'ailleurs, pour se plaindre, il lui faudrait avouer l'infâme calcul qui lui a presque fait provoquer son déshonneur pour avoir le droit de tuer sa femme et votre mari... Mais il n'oserait, car il inspirerait autant de mépris que d'horreur, qu'en dites-vous, marraine ?

— Laisse-moi... te dis-je... va-t'en... va-t'en... tu m'épouvantes !

— Mon Dieu ! que fais-je autre chose que de vous exposer le bien et le mal ?... Maintenant vous êtes libre... choisissez !

— Monstre !... tu sais bien la portée de tes paroles... et des criminelles espérances que tu évoques à ma pensée.

— Suis-je un monstre... pour vous dire de choisir entre le bien et le mal ? La vertu est donc une terrible chose à pratiquer, qu'elle coûte autant de larmes que le crime ?...

— Seigneur, ayez pitié de moi !

— Un dernier mot, marraine. J'ai pu mettre en jeu certaines passions, préparer certains événements... mais il ne dépend plus de moi de modérer leur marche ; car... ils semblent se précipiter... demain, peut-être, il serait trop tard... Si vous êtes décidée au *bien*... c'est-à-dire à prévenir votre mari du danger qu'il va courir, et M. de Brévannes de la mystification dont il est dupe... agissez sans délai, aujourd'hui même, à l'instant... Une heure de retard peut tout perdre... c'est-à-dire tout gagner dans l'intérêt de votre amour...

A ce moment, un valet de chambre entra, après avoir frappé, chez Paula.

— Qu'est-ce ? — dit-elle à cet homme.

— Ne sachant pas si madame la princesse recevait, j'ai prié M. et madame de Brévannes d'attendre.

— Ils sont là ? — s'écria madame de Hansfeld, en tressaillant.

— Oui, princesse.

— Madame a oublié qu'elle avait donné rendez-vous à M. et madame de Brévannes ce matin... — dit Iris.

— En effet — reprit Paula d'une voix émue — je... oui... sans doute.

— La princesse reçoit — se hâta de dire Iris. — Priez seulement M. et madame de Brévannes d'attendre... un moment.

Le valet de chambre sortit.

# CHAPITRE XIX.

## DÉCISION.

— Jamais... jamais... je n'aurai le courage de recevoir monsieur et madame de Brévannes — s'écria la princesse avec désespoir — car...

La voix du prince interrompit Paula.

Le salon où elle se trouvait était séparé des autres appartements par une longue galerie semblable à celle que M. de Hansfeld occupait à l'étage supérieur.

Des portières de velours remplaçaient les portes ; Paula entendit son mari demander au valet de chambre, qui se tenait à l'extrémité de cette galerie, si la princesse était chez elle.

— C'est le prince ! — s'écria Iris.

— Il va se rencontrer avec cette jeune femme... — dit Paula. — Tous deux ignorent que M. de Brévannes est instruit de leur amour, et que par un affreux calcul il doit feindre d'ignorer cet amour... Oh ! c'est horrible... les laisser dans cette funeste confiance...

Iris se hâta de lui dire :

— Vous voulez épargner ces malheureux et renoncer à M. de Morville? Soit ; tout à l'heure, au
moment où M. de Brévannes sortira de l'hôtel, je
trouverai moyen de lui parler, et en deux mots je
lui apprends la fourberie du livre noir.

Paula fit un mouvement.

— N'est-ce pas là votre volonté, marraine?

— Oui, oui.

— Pourtant, si par hasard cette volonté changeait, si vous vouliez profiter des événements que
cette rencontre du prince et de Berthe chez vous
va précipiter encore... à moins que vous ne vous y
opposiez lorsque vous me verrez me lever pour aller attendre M. de Brévannes, donnez-moi cette
épingle en me disant de la serrer... cela voudra
dire que M. de Brévannes doit rester dans son erreur...

. — Mais...

— Voici le prince... Tout à l'heure donnez-moi
cette épingle... et dans huit jours vous êtes libre,
sinon... renoncez à jamais à M. de Morville.

M. de Hansfeld entra chez sa femme.

Iris avait l'habitude de rester auprès de sa maîtresse, lors même que celle-ci recevait des visites.
Sa présence à la scène suivante parut donc au prince
fort naturelle.

# CHAPITRE XX.

## LA CHASSE AU MARAIS.

M. de Hansfeld était à la fois surpris, ému, troublé.

Il venait de voir Berthe descendre de voiture avec M. de Brévannes, Berthe à qui il avait cru dire à tout jamais adieu lors de sa dernière entrevue avec elle chez Pierre Raimond.

Ayant toujours ignoré que Paula connaissait M. de Brévannes, Arnold ne pouvait concevoir pourquoi celui-ci conduisait sa femme à l'hôtel Lambert, et comment madame de Hansfeld s'était liée avec Berthe, dont elle le savait épris. Paula, pour échapper au voyage d'Allemagne dont son mari la menaçait, ne l'avait-elle pas menacé à son tour de révéler les entrevues qu'il avait avec Berthe chez le graveur, de les révéler, disons-nous, à M. de Brévannes ?

Quel était donc le but de Paula en recevant Berthe à l'hôtel Lambert? Était-ce affectation, indifférence ?

Arnold se perdait en conjectures ; en songeant

qu'il allait revoir Berthe, l'étonnement, le bonheur, la crainte l'agitaient malgré lui. Il dit à Paula, d'une voix légèrement émue :

— Il me semble que je viens de voir entrer une visite pour vous ?

— Oui... — répondit madame de Hansfeld avec embarras. — Une femme de mes amies m'a présenté dans le monde madame de Brévannes, que l'on dit charmante et que vous trouvez telle... — ajouta-t-elle en riant d'un air forcé. — Madame de Brévannes m'a demandé quand je restais chez moi, je lui ai dit aujourd'hui et je l'avais oublié... On l'a fait un moment attendre avec son mari... Ne vous ayant pas vu, il m'a été impossible de vous prévenir de cette visite... qui, je le crois, ne pouvait d'ailleurs vous être désagréable.

— Ma marraine me permettra-t-elle de lui faire observer que voilà déjà bien longtemps que les personnes attendent ? — dit Iris avec une sorte de familiarité respectueuse à laquelle on était habitué.

— Elle a raison — dit M. de Hansfeld, imprudemment entraîné par le désir de revoir Berthe ; il sonna.

Un laquais parut.

— Faites entrer — dit le prince.

Le laquais sortit.

Iris et Paula échangèrent un regard.

Pour l'intelligence de la scène suivante, nous dirons que quelques lignes du livre noir, toujours écrites au nom de Paula et communiquées le matin même par Iris à M. de Brévannes, apprenaient à celui-ci que l'objet de l'amour de Berthe était le prince de Hansfeld, et que très souvent elle avait eu des entrevues avec lui, sous un nom supposé, chez Pierre Raimond.

Quelques mots expressifs indiquaient le parti terrible que M. de Brévannes pouvait tirer de cet amour, dont la punition, s'il devenait coupable et flagrant, pouvait assurer la liberté de M. de Brévannes et de Paula.

Après cette découverte, M. de Brévannes redoubla d'hypocrisie afin d'augmenter encore la sécurité de sa femme, qu'il se promit néanmoins d'observer attentivement, quoiqu'il ne doutât pas qu'elle aimât le prince.

Le premier refus de Berthe de se rendre à l'hôtel Lambert, son émotion croissante en approchant des lieux où elle allait revoir Arnold, étaient des preuves convaincantes de cet amour. M. de Brévannes s'étant d'ailleurs informé auprès du portier de Pierre Raimond des visites que recevait le graveur, M. de Hansfeld lui avait été si exactement dépeint qu'il n'attendait que l'occasion de voir le prince pour s'assurer de son identité avec le visiteur assidu de Pierre Raimond.

Paula, assise auprès de la cheminée, avait à côté d'elle une petite table sur laquelle était placée la fatale épingle qui, remise à Iris, devait l'empêcher de dévoiler à M. de Brévannes la fourberie dont il était dupe, et le laisser dans la créance qu'en se

débarrassant de sa femme et du prince il pourrait
épouser Paula.

La bohémienne, occupée d'un travail de tapisse-
rie, était demi-cachée par les rideaux de la fenêtre
auprès de laquelle elle se tenait ; mais elle pouvait
néanmoins ne pas quitter sa maîtresse du regard.

Et il faut le dire, ce regard semblait quelquefois
exercer sur Paula une sorte de fascination.

Enfin M. de Hansfeld, debout devant la cheminée, dissimulait à peine son émotion.

La porte s'ouvre, un valet de chambre annonce :

— M. et madame de Brévannes.

Peut-être trouvera-t-on un contraste assez dra-
matique entre la conversation futile, oiseuse, dés-
intéressée des quatre acteurs de cette scène, et les
anxiétés, les passions diverses et profondes qui les
agitaient.

Madame de Hansfeld se leva, fit quelques pas
au-devant de Berthe, et lui dit avec grâce :

—Vous êtes, madame, mille fois aimable d'avoir
bien voulu vous rappeler que je restais chez moi
aujourd'hui.

— Madame... vous... êtes bien bonne — balbu-
tia Berthe, en baissant les yeux de peur de rencontrer ceux d'Arnold.

La malheureuse femme se sentait défaillir.

La princesse ajouta :

— Voulez-vous me permettre, madame, de vous
présenter monsieur de Hansfeld, qui n'a pas eu,
jusqu'à présent, l'honneur de vous rencontrer ?

Arnold s'avança, salua profondément et dit à Berthe :

— Je regrette toujours de ne pas accompagner madame de Hansfeld dans le monde aussi souvent que je le désirerais; mais après la bonne fortune qu'elle vous a due, madame, je le regrette doublement; pourtant je me console, puisque je suis assez heureux pour pouvoir vous présenter mes... hommages.

Voulant venir au secours de Berthe, qui de plus en plus troublée ne trouvait pas un mot à répondre à Arnold, madame de Hansfeld dit à celui-ci en lui présentant M. de Brévannes d'un geste :

— Monsieur de Brévannes...

Ce dernier salua.

Le prince lui rendit ce salut et lui dit avec affabilité :

— Je serai toujours enchanté, monsieur, de vous rencontrer chez madame de Hansfeld, et j'espère que j'aurai le plaisir de vous y voir souvent.

—Aussi souvent, monsieur, qu'il me sera possible de profiter d'une offre si aimable sans en abuser...

Après ces préliminaires indispensables, les quatre personnages s'assirent. Paula à sa place, à droite de la cheminée, Berthe à gauche, M. de Brévannes à côté de madame de Hansfeld, et Arnold auprès de la fille du graveur.

Le prince, sentant la nécessité de vaincre son émotion, faisait les honneurs de chez lui avec la plus parfaite dignité.

Berthe, de son côté, se rassurait peu à peu ;
Paula tâchait de ne pas céder aux terribles préoccupations que devait lui causer son dernier entretien avec Iris.

M. de Brévannes, qui avait toujours entendu
parler du prince de Hansfeld comme d'une sorte
d'original, farouche, bizarre, à demi-insensé, et
qui s'était demandé comment sa femme avait pu
s'éprendre d'un tel homme, M. de Brévannes resta
stupéfait de la distinction et de la gracieuse urba-
nité du prince, dont la figure juvénile et douce
était des plus charmantes.

Alors il comprit parfaitement l'amour de Berthe,
et sa rage s'en augmenta contre elle et contre M. de
Hansfeld. Aussi, jetait-il quelquefois sur celui-ci à
la dérobée des regards de tigre ; puis il cherchait
les yeux de Paula avec un air d'intelligence tour à
tour sombre et passionné qui prouva à madame de
Hansfeld qu'Iris ne l'avait pas trompée au sujet du
livre noir.

Un silence assez embarrassant avait succédé aux
premières banalités de la conversation.

Le prince le rompit en disant à Berthe :

— Vous avez dû, madame, avoir bien de la peine
à trouver cette demeure isolée au milieu de ce
quartier désert ?

— Non, monsieur, — répondit Berthe en rougissant jusqu'aux yeux ; — mon père... habite très
près d'ici.

Cette réponse, que la jeune femme avait, pour

ainsi dire, faite involontairement, redoubla sa confusion en lui rappelant les premiers temps de son
amour pour Arnold. Celui-ci se hâta d'ajouter :

— C'est différent, madame ; mais venir à l'île
Saint-Louis, c'est toujours une espèce de voyage
pour les véritables Parisiens.

— Du moins — dit M. de Brévannes — on est
bien dédommagé de ce voyage..... comme vous
dites, monsieur, en pouvant admirer cet hôtel... un
véritable palais !...

— En effet — dit Paula pour prendre part à la
conversation — dans le faubourg Saint-Germain,
ce quartier des beaux hôtels que nous avons habité
pendant quelque temps, on ne trouve rien de com-
parable à cette demeure véritablement grandiose.

— On ne peut plus bâtir des palais maintenant
— dit M. de Brévannes — les fortunes sont beaucoup trop divisées... Vous avez beaucoup plus de
bon sens que nous, messieurs les étrangers ; en An-
gleterre, en Russie, en Allemagne aussi, je le suppose, le droit d'aînesse a sagement maintenu le
principe de la grande propriété.

— Je suis sûr, monsieur — dit en souriant M. de
Hansfeld — que vous n'avez jamais eu de frère ou
de sœur ?

— C'est vrai, monsieur ; mais qui vous donne
cette certitude ?

— Votre admiration pour l'excellence du droit
d'aînesse.

M. de Brévannes ne comprit pas ce qu'il y avait

d'aimable dans les paroles du prince, et il répondit :

—Vous croyez, monsieur, que si je n'étais pas fils unique j'aurais eu d'autres manières de voir à ce sujet?

— Je crois, monsieur, que votre manière d'aimer vos frères et vos sœurs aurait complétement changé votre manière de voir à ce sujet. Mais, pardonnez-nous, madame — dit le prince en s'adressant à Berthe — de parler pour ainsi dire politique ; ainsi, sans transition aucune, je vous demanderai ce que vous pensez de la nouvelle comédie... donnée au Théâtre-Français. Madame de Hansfeld et moi, nous avons eu le plaisir de vous y voir, je n'ose dire de vous y remarquer.

— Cela ne pouvait guère être autrement — dit Berthe en reprenant un peu d'assurance — j'étais à côté de madame Girard, qui avait une coiffure si singulière qu'elle attirait tous les regards.

— Je vous assure, madame — reprit Paula — qu'en jetant les yeux dans votre loge nous n'avons vu le singulier bonnet... le sobieska de madame Girard, que par hasard.

— Cette comédie m'a paru charmante et remplie d'intérêt — dit Berthe — et, sans connaître l'auteur, M. de Gercourt, j'ai été enchantée de son succès... il avait tant d'envieux !

— L'auteur, M. de Gercourt, est tout à fait un homme du monde?... — demanda madame de Hansfeld.

— Oui, madame — reprit M. de Brévannes — il a été l'un des cinq ou six hommes des plus à la

mode de Paris ; on le classait même immédiatement
après le *beau* Morville, cet astre qui a longtemps
brillé d'un éclat sans égal ; entre nous, je ne sais
pas trop pourquoi ; c'était un engouement ridicule,
rien de plus, car Gercourt et beaucoup d'autres
ont mille fois plus d'agréments que ce prétentieux
M. de Morville.

Paula tressaillit en entendant prononcer un nom
si cher à son cœur.

Le regard de la princesse rencontra le regard
d'Iris... ce regard lui pesa sur le cœur comme du
plomb.

Ignorant complétement l'amour de Paula pour
M. de Morville, et croyant d'un bon effet aux yeux
de madame de Hansfeld, de faire montre de dédain
à l'endroit d'un des hommes les plus recherchés de
Paris ; cédant d'ailleurs à un sentiment d'envie et à
une habitude de dénigrement qu'il avait depuis
longtemps prise à l'égard de M. de Morville, qu'il
détestait, sans autre motif qu'une basse jalousie,
M. de Brévannes continua :

— Ce M. de Morville a une jolie figure, si l'on
veut ; mais il a l'air si stupidement satisfait de lui-
même, qu'il en fait mal au cœur. On parle de ses
succès ; après tout, il n'a jamais réussi qu'auprès de
ces femmes faciles auxquelles on peut prétendre,
pourvu qu'on soit du monde dont elles sont... On
a fait beaucoup de bruit de sa liaison avec cette
Anglaise : il en était fort épris, soit ; mais elle se
moquait de lui, comme fera toute femme de bon

goût ; car ne trouvez-vous pas, madame, qu'on peut toujours à peu près juger de la valeur d'une femme par la valeur de l'homme qu'elle distingue?

— C'est généralement vrai, monsieur — dit Paula en se contenant.

— Eh bien! madame, vous venez d'apprécier les sots et ridicules enthousiastes de ce sot et ridicule Morville.

Rien de plus vulgaire que ce dicton : Les petites causes produisent souvent de grands effets. Mais aussi rien de plus vrai que cette vulgarité.

En voici une nouvelle preuve :

M. de Hansfeld ne connaissait pas M. de Morville, il lui était donc indifférent d'en entendre parler en mal ou en bien ; mais cédant, malgré lui sans doute, à un vague désir de se mettre bien avec M. de Brévannes, il crut lui être agréable en partageant son avis au sujet de M. de Morville.

Enfin, la pauvre Berthe elle-même, autant par envie de complaire à son mari que par suite de cette déférence, de cet acquiescement involontaire qu'une femme accorde toujours au jugement de celui qu'elle aime, la pauvre Berthe, disons-nous, fut, pour ainsi dire, le naïf et timide écho du prince dans la conversation suivante.

Cette conversation fut la *cause*; nous dirons tout à l'heure l'*effet*.

M. de Hansfeld reprit donc :

— Je ne connais pas M. de Morville, je l'ai aperçu deux ou trois fois; il m'a paru beau, mais d'une affectation presque ridicule, et j'ai entendu dire que l'on exagérait beaucoup son mérite...

— C'est aussi ce que j'ai entendu dire... — ajouta la malheureuse Berthe; — il a, ce me semble, une figure très régulière... mais peut-être un peu insignifiante.

Paula ne dit pas un mot; elle prit sur la petite table l'épingle fatale et se mit à jouer avec ce bijou.

Iris ne quittait pas sa maîtresse du regard.

Elle tressaillit d'une sombre joie au mouvement de sa maîtresse.

On le voit, la petite *cause* commençait à produire son *effet*.

— Je suis enchanté de voir une personne de goût comme vous, monsieur — dit M. de Brévannes au prince — rendre mon jugement décisif en l'approuvant.

Arnold, pour achever de se mettre tout à fait dans les bonnes grâces du mari de Berthe, hasarda un léger mensonge et reprit:

— Je me souviens même d'avoir un jour écouté sa conversation, et je l'ai trouvée au-dessous du médiocre...

— Il est vrai que M. de Morville ne passe pas, dit-on, pour avoir infiniment d'esprit... — ajouta le doux et tendre écho en baissant ses grands yeux bleus, et en rougissant à la fois et de mentir et de faire une sorte de *bassesse* pour être agréable à M. de Brévannes.

La petite cause continuait de produire son effet.

Tenant dans sa main droite l'épingle constellée madame de Hansfeld battait pour ainsi dire sur sa main gauche la mesure du crescendo de colère qui l'agitait, et qui enveloppait Berthe, M. de Brévannes et le prince.

Dans ce moment elle rencontra les yeux d'Iris, et, au lieu de détourner son regard de celui de la bohémienne, elle la regarda un moment d'un air tellement significatif, qu'Iris crut qu'elle allait lui donner l'épingle.

M. de Brévannes reprit, en s'adressant à madame de Hansfeld :

— Mais vous-même, madame, que pensez-vous de M. de Morville? N'avons-nous pas raison de nous révolter un peu contre l'admiration moutonnière qui fait une idole d'un homme nul ?

— Certainement, monsieur — dit Paula — il est très bien de ne pas accepter des renommées par cela seulement qu'elles sont des renommées...

— C'est qu'aussi jamais renommée ne fut moins méritée; et je ne suis pas le seul, je vous le jure, qui proteste contre elle... Beaucoup de personnes pensent comme moi ; et ce qui indispose contre ce M. de Morville, c'est qu'il prétend à tous les succès. A l'entendre, il monte à cheval mieux que personne, il fait des armes mieux que personne, il tire à la chasse mieux que personne...

— Est-ce que M. de Morville est grand chasseur? — dit Arnold.

— Il en a du moins la prétention, car il les a toutes ; mais je suis sûr qu'il justifie aussi peu celle-là que les autres, et qu'il chasse par ton et non par plaisir.

— Il a tort — dit Arnold — car c'est un des plus vifs plaisirs que je connaisse...

— Vous êtes chasseur, monsieur ? — dit M. de Brévannes.

— Nous avons de si belles chasses en Allemagne, qu'il est impossible de ne pas avoir ce goût. Il est surtout une chasse que j'aimais beaucoup, et qui n'est peut-être pas très connue en France...

— Quelle chasse, monsieur ?... Je puis vous renseigner, car j'ai aimé, j'aime encore passionnément la chasse...

— La chasse au marais. Nous avons en Allemagne d'admirables passages d'oiseaux aquatiques.

— Vous aimez la chasse au marais !... — s'écria M. de Brévannes après un moment de réflexion, et comme éclairé par une idée subite.

— A la folie... monsieur... Mais avez-vous en France beaucoup de ces chasses ?

— Nous en avons, et je puis même dire que j'en ai une chez moi, en Lorraine, des plus belles de la province...

— Certainement — dit naïvement Berthe — ce matin même encore le régisseur de M. de Brévannes lui a annoncé qu'il y avait en ce moment un passage extraordinaire de... — je ne me rappelle pas le nom de ces oiseaux — dit Berthe en souriant.

— Un passage de halbrans; ils sont venus s'a-
battre sur nos étangs par nuées... et, tenez, monsieur — dit M. de Brévannes avec une expression
de franche cordialité — si je ne craignais pas de
passer pour un vrai paysan du Danube... pour un
homme par trop sans façon...

Le prince regardait M. de Brévannes avec surprise.

— En vérité, monsieur — lui dit-il — je ne
comprends pas...

— Eh bien, ma foi, arrière la honte, entre chasseurs la franchise avant tout. Le passage des halbrans est magnifique cette année, il dure toujours
au moins une huitaine. J'ai quatre cents arpents
d'étangs ; ma maison est confortablement arrangée
pour l'hiver... Permettez-moi de vous offrir d'y venir tirer quelques coups de fusil ; en trente-six
heures nous serons chez moi... Et, si par un hasard inespéré, madame de Hansfeld n'avait pas
trop d'aversion pour la campagne pendant quelques jours d'hiver, madame de Brévannes tâcherait
de lui en rendre le séjour le moins désagréable
possible. Vous le voyez, monsieur, lorsque je me
mets à être indiscret, je ne le suis pas à demi...

A cette proposition si brusque, si inattendue, si
en dehors des habitudes et des usages reçus, et qui,
acceptée par M. de Hansfeld, pouvait avoir de si
terribles résultats, la princesse tressaillit.

Berthe rougit et frissonna.

Iris bondit sur sa chaise. M. de Hansfeld put à

peine dissimuler sa joie ; pourtant, avant d'accepter, il tâcha, mais en vain, de rencontrer le regard de Berthe. La jeune femme n'osait lever les yeux.

Arnold interpréta cette expression négative en sa faveur, et répondit :

— En vérité, monsieur, cette offre est si aimable et faite avec tant de bonne grâce... que je craindrais de vous laisser voir tout le plaisir qu'elle me fait, si, comme vous le dites, entre chasseurs on ne devait pas avant tout accepter franchement ce qu'on vous offre franchement.

— Vous acceptez donc, monsieur ? — s'écria M. de Brévannes. — Puis, s'adressant à Paula : — Puis-je espérer, madame, que l'exemple de M. de Hansfeld vous encouragera, si sauvage que soit mon invitation, si insolite que soit en plein hiver, je n'ose dire... une telle partie de plaisir. Je suis sûr que madame de Brévannes ferait de son mieux pour vous faire trouver moins longs ces quelques jours de solitude au milieu de nos bois.

— Croyez, madame — dit Berthe d'une voix altérée — que je serais bien heureuse si vous daigniez nous accorder cette faveur.

— Vous êtes mille fois aimable, madame ; mais je crains de vous causer un tel dérangement... — dit Paula dans une inexprimable angoisse. Elle sentait que de son consentement allait dépendre son avenir, celui de M. de Morville, celui de Berthe et d'Arnold ; car, ainsi que l'avait prévu Iris, sans s'attendre pourtant à cet incident si peu prévu,

elle sentait que les événements allaient se précipiter d'une manière effrayante.

— Soyez généreuse, madame — dit M. de Brévannes; — nous tâcherons de vous distraire... nous
organiserons pour vous de véritables chasses de
demoiselles ; j'ai des furets excellents... Si vous ne
connaissez pas le divertissement du furetage, cela
vous amusera, je le crois... Le temps est assez doux
cet hiver... je puis vous promettre une pêche aux
flambeaux... Enfin, j'ai une réserve bien peuplée de
daims et de chevreuils ; vous en verrez prendre
quelques-uns dans les toiles. Je me hâte de vous
dire que cette chasse n'a rien de barbare, car les
victimes restent vivantes. Je sais, madame, que ce
sont là de rustiques et simples amusements ; mais
le contraste même qu'ils offrent avec la ville de
Paris pendant l'hiver peut leur donner quelque pi-
quant... de même qu'après les avoir goûtés vous
trouverez peut-être plus de saveur aux brillants
plaisirs du monde.

— Croyez, monsieur — répondit Paula, dans une
anxiété de plus en plus profonde — que cette partie de plaisir improvisée me serait extrêmement
agréable par la seule présence de madame de Brévannes ; mais je crains vraiment qu'elle ne con-
sente à ce voyage impromptu que par considération
pour moi.

— Oh ! non, madame, j'y trouverai, je vous assure, le plus grand charme... le plus grand plaisir...

Encore un effet important causé par une petite cause.

Ces paroles furent prononcées par Berthe avec une si naïve expression de bonheur et de joie... le regard qu'elle échangea en ce moment avec Arnold (regard rapidement intercepté par Paula) trahissait une passion si profonde, si ineffable, si radieuse, que tous les serpents de l'envie et de la rage mordirent madame de Hansfeld au cœur.

Paula aussi aimait avec passion, avec enivrement... et cet amour ne devait jamais être heureux. La vue d'un bonheur qui lui était interdit redoubla sa colère ; elle se souvint de la malveillance presque méprisante avec laquelle M. de Brévannes, M. de Hansfeld et Berthe avaient parlé de M. de Morville ; elle les enveloppa tous trois dans le même sentiment de haine ; dans ce moment d'exaspération, d'autant plus violente qu'elle était plus contrainte, elle accepta l'offre de M. de Brévannes, et dit à Berthe d'une voix dont elle sut parfaitement dissimuler l'émotion :

— Eh bien, madame, au risque d'être véritablement fâcheuse en me rendant à votre aimable insistance... j'accepte.

— Oh! que vous êtes bonne, madame! — s'écria Berthe.

— Et quand partons-nous, monsieur de Brévannes ? — dit le prince sans pouvoir dissimuler sa joie ; — je me fais une fête de cette chasse.

— Je serai aux ordres de madame de Hansfeld—

dit M. de Brév nnes ; — seulement je lui ferai observer que le séjour des oiseaux de passage est ordinairement assez court, et que nous devrions nous rend e chez moi le plus tôt possible.

— Qu'en pensez-vous, madame? — dit M. de Hansfeld à sa femme.

— Mais si demain... convient à madame de Brévannes...

— A merveille — dit M. de Brévannes. — Moi et ma femme, nous partirons ce soir pour vous précéder de quelques heures, et avoir au moins le plaisir de vous attendre.

A ce moment, Iris se leva.

Ce mouvement rappela à madame de Hansfeld toute la terrible réalité de sa position.

Un nuage lui passa devant les yeux, sa respiration se suspendit un moment sous la violence des battements de son cœur ; elle frissonna comme si une main de glace eût passé dans ses cheveux.

Le moment fatal était arrivé.

Il s'agissait pour elle de faire le premier pas dans la voie du crime.

Si elle laissait sortir Iris sans lui donner l'épingle, Iris allait tout révéler à M. de Brévannes, et Paula renonçait à l'espoir alors si prochain, si probable, d'épouser M. de Morville, en profitant d'un double meurtre dont elle serait toujours complétement innocente aux yeux du monde.

Iris rangea assez bruyamment quelques objets

sur sa table, pour donner un avertissement à sa maîtresse.

Paula hésitait encore...

Iris fit un pas vers la porte...

Une lutte terrible s'engagea dans l'âme de madame de Hansfeld entre son bon et son mauvais ange.

Iris fit encore un pas, atteignit la porte, leva lentement la main pour la poser sur le bouton de la serrure.

Le pêne cria...

Le mauvais ange de Paula eut le dessus dans la lutte ; madame de Hansfeld dit d'une voix si basse, si basse : — Iris!... qu'il fallut toute l'attention que prêtait la bohémienne à cette scène pour que ce mot parvînt jusqu'à elle.

Iris fut en deux pas auprès de sa maîtresse.

— Tenez... allez, je vous en prie, serrer cette épingle... — dit Paula d'une voix défaillante...

Et elle remit l'épingle à la bohémienne.

Iris, en touchant la main de sa maîtresse pour prendre ce bijou, la sentit humide et glacée.

# CHAPITRE XXI.

## LE CHATEAU DE BRÉVANNES.

La terre de M. de Brévannes, située en Lorraine près de Longueville, à quelques lieues de Bar-le-Duc, était une confortable résidence. Beau parc, belles réserves de bois, magnifiques étangs alimentés par quelques effluvions de l'Ornain, maison d'habitation vaste et commode, tout, dans cette propriété, répondait au tableau que M. de Brévannes en avait tracé à M. de Hansfeld.

Depuis trois jours Berthe, son mari, le prince et Paula sont arrivés au château ; Iris a été nécessairement comprise dans l'invitation de M. de Brévannes, invitation que chacun de nos personnages avait de trop puissantes raisons d'accepter pour s'arrêter à la singularité d'un tel voyage dans cette saison.

Paula avait continuellement évité toute occasion de se rencontrer seule avec M. de Brévannes. Ce dernier, selon les prévisions d'Iris, avait imité madame de Hansfeld, afin de ne pas donner une apparence de préméditation à la vengeance qu'il calculait avec un atroce sang-froid.

Berthe était pourtant agitée de sinistres pressentiments. Pendant toute la route de Paris à Brévannes, son mari avait été tour à tour d'une gaieté
forcée et d'une si obséquieuse prévenance, que la
défiance de Berthe s'était vaguement éveillée.

Un moment elle avait songé à prier son mari de
la laisser à Paris ; mais après l'engagement formel
pris avec le prince et la princesse de Hansfeld, elle
abandonna cette idée.

En arrivant à Brévannes, elle s'occupa des soins
de la réception de ses hôtes. Chose étrange! il ne
lui vint pas un moment à la pensée que son mari
pût être épris de madame de Hansfeld ; cette conviction l'eût peut-être rassurée. Quoique la manière dont cette partie de campagne s'était engagée
eût été assez naturelle, un secret instinct disait à
Berthe que ce voyage avait un autre but que la
chasse au marais.

La seule personne complétement heureuse, et
heureuse sans crainte et sans arrière-pensée, était
Arnold. Un hasard inattendu servait si bien son
amour naguère inespéré, qu'il se laissait aller au
bonheur de passer quelques jours avec Berthe dans
une intimité de chaque instant.

Iris observait tout et épiait surtout les moindres
démarches d'Arnold et de madame de Brévannes.
Malheureusement pour la bohémienne, ces derniers, malgré les soins incessants que M. de Brévannes avait mis à leur ménager des occasions de
tête-à-tête, les avaient constamment évitées.

Il restait à Iris un dernier et immanquable moyen de forcer Berthe et M. de Hansfeld à une entrevue secrète et d'une apparence compromettante : dès que la nuit approcherait, elle irait dire à Berthe que son père,. horriblement inquiet de son départ précipité, s'était mis en route, et que, pour ne pas rencontrer M. de Brévannes, il priait Berthe d'aller l'attendre dans le chalet où, l'été, celle-ci passait ordinairement ses journées. Cette maisonnette, située au milieu d'un massif de bois, était proche de la grille du parc ; rien de plus vraisemblable que l'arrivée de Pierre Raimond ; Berthe irait l'attendre au pavillon : au lieu du vieux graveur, elle verrait arriver Arnold ; puis... prévenu par Iris, M. de Brévannes surviendrait... Le reste se devine.

Le troisième jour de son arrivée à Brévannes, la bohémienne, lassée d'épier en vain, cherchait Berthe pour la rendre victime de la machination qu'elle avait méditée, lorsqu'elle aperçut celle-ci venant du côté du pavillon dont il est question, et un peu plus loin, derrière elle, M. de Hansfeld.

Iris se glissa dans un fourré de houx et de buis énormes qui ombrageaient le parc en cet endroit et formaient une allée sinueuse qui, longeant les murs, allait de la grille au chalet.

Il est bon de dire que cette fabrique, située à l'angle des murs du parc, se composait de deux pièces de rez-de-chaussée.

Il était quatre heures environ, le jour très bas, le

ciel pluvieux et menaçant. Au moment où Iris se
cacha dans les buis, Arnold rejoignait Berthe.

Celle-ci tressaillit à la vue du prince et fit quelques pas pour retourner au château; mais Arnold,
la prenant par la main d'un air suppliant, lui dit:

— Enfin... je puis avoir un moment d'entretien
avec vous... depuis deux jours! On dirait, en vérité, que vous me fuyez... moi, si heureux de ce
voyage improvisé... Tenez, Berthe, j'ai peine à
croire à mon bonheur...

— Je vous en supplie... laissez-moi... Je vous
évite parce que j'ai peur...

— Peur... et de quoi, mon Dieu?...

— Tenez, monsieur de Hansfeld... vous m'aimez, n'est-ce pas? — s'écria tout à coup Berthe.

— Si je vous aime!...

— Eh bien!... ne me refusez pas la seule grâce
que je vous aie demandée...

— Que voulez-vous dire?...

— Partez...

— Partir... à peine arrivé... lorsque...

— Je vous dis que si vous m'aimez vous prendrez, bon ou mauvais, le premier prétexte venu...
et vous quitterez cette maison.

— Mais je ne vous comprends pas... Pourquoi...
lorsque votre mari?...

— Ah! ici... ne prononcez pas son nom...
Rassurez-vous... Je partage vos scrupules... Je
suis ici chez lui... Je ne vous parlerai pas d'amour;
je ne vous dirai rien que votre père ne pût enten-

dre s'il était là. Ce que je vous demande, Berthe,
ce sont quelques-unes de ces bonnes et tendres paroles que vous adressiez à votre frère Arnold dans
ces longues causeries que nous faisions en tiers
avec votre père.

— Silence... quelqu'un a marché dans le taillis... — dit Berthe avec inquiétude.

— Que vous êtes enfant... C'est le vent qui agite
les arbres. Tenez !... voilà le givre et la pluie qui
tombent... et vous sortez sans votre manteau afri-
cain ; c'est un double tort ; ce burnous à capuchon
vous rend si jolie...

— Je l'ai laissé dans le vestibule... mais je vous
en prie, rentrons au château...

— Il est trop loin, la pluie tombe... pourquoi
ne pas aller dans le chalet, là-bas, attendre que
cette averse soit passée ?

— Non, non...

— Oubliez-vous votre promesse de me faire vi-
siter ce pavillon, votre retraite chérie ? Oh ! je n'a-
bandonne pas cette bonne occasion de vous forcer
à remplir votre promesse... Tenez, la pluie aug-
mente ; venez... de grâce ? Mais qu'avez-vous
donc, vous me répondez à peine... Vous tremblez,
c'est de froid, sans doute... imprudente !...

— Je ne puis vous dire ce que j'éprouve, mais
je ressens une terreur vague, involontaire... Je
vous en supplie, malgré la pluie, retournons au
château.

— Mais c'est un enfantillage auquel je ne con-

sentirai pas. Vous vous trouvez un peu souffrante,
il ne faut donc pas vous exposer davantage... Cette
pluie est glacée, le chalet est à vingt pas.

— Eh bien ! promettez-moi de partir demain.

— Encore ?

— Oui... Ne me demandez pas pourquoi ; j'ai
peur pour vous, pour moi ; je ne serai tranquille que
lorsque vous serez éloigné d'ici. Je ne m'explique
pas ces craintes... mais je les éprouve cruellement.

— Mais enfin... admettez que votre mari soit
jaloux... qu'avez-vous à redouter ? quel mal faisons-
nous ? Il est d'ailleurs plein d'attentions pour vous,
il ne soupçonne rien.

— Ce sont justement ses bontés... si nouvelles
pour moi... et sa douceur hypocrite qui m'épouvantent... Lui, autrefois si brusque... Et un jour...
— Berthe tressaillit et s'écria en s'interrompant et
en mettant une main tremblante sur le bras d'Arnold : — Encore ! ! ! je vous assure qu'on marche
dans ce taillis... On nous suit.

Arnold prêta l'oreille, entendit en effet quelques
branches crier dans l'épais fourré de buis et de
houx ; malgré la difficulté de pénétrer dans ce massif inextricable, Arnold allait s'y enfoncer, lorsque
le bruit augmenta, le feuillage frémit, et à quelques pas un chevreuil bondit et sauta sur la route.

Arnold ne put retenir un éclat de rire, et dit
à Berthe :

— Voyez-vous votre espion ?

La jeune femme, un peu rassurée, reprit le bras

d'Arnold ; ils n'étaient plus qu'à quelques pas du chalet.

— Eh bien! pauvre peureuse — dit Arnold.

— Je vous en supplie, ne plaisantez pas, je crois aux pressentiments, Dieu nous les envoie.

— Mais comment, parce que votre mari semble revenir envers vous à de meilleurs sentiments, vous vous effrayez ? Admettez même qu'il feigne cette bienveillance hypocrite pour vous tendre un piége, qu'avez-vous à redouter ? que peut-il surprendre ? Après tout, que demandé-je, sinon de jouir loyalement de ce qu'il m'a offert loyalement, de passer quelques jours auprès de vous ? Je vous le jure, je ne sais pas quels seront mes vœux dans l'avenir... mais je me trouve à cette heure le plus heureux des hommes, je ne veux rien de plus; le présent est si beau, si doux, que ce serait le profaner que de songer à autre chose...

La pluie redoublait de violence.

Le jour, très sombre, commençait à baisser.

Berthe et le prince entrèrent dans le chalet.

# CHAPITRE XXII.

## LE CHALET.

Berthe, pour faire honneur à ses hôtes, avait fait disposer ce petit pavillon de la même manière que lorsqu'elle l'habitait.

Sur les murs on voyait quelques gravures dues au burin de son père, des aquarelles peintes par Berthe, ses livres, son piano. Un bon feu flamboyait dans la cheminée, ses vives lueurs luttaient contre l'obscurité croissante... Une fenêtre carrée, semblable à celles des chaumières suisses, garnie de plomb et composée de petits carreaux verdâtres, grands comme la paume de la main, laissait voir l'allée du bois qui conduisait de la grille au chalet ; la porte était restée entr'ouverte ; Berthe, debout près de la cheminée, appuyait son front sur sa main, ne pouvant vaincre l'émotion qui l'accablait. Arnold, plein d'une joie d'enfant, ou plutôt d'amant, examinait avec une sorte de tendre curiosité tous les objets dont Berthe s'entourait habituellement.

— Quel bonheur pour moi — lui dit-il — de

pouvoir emporter ce souvenir des lieux que vous habitez ! et ce tableau sera toujours vivant dans ma pensée... Voilà votre piano, cet ami des longues heures de rêverie et de tristesse... ces belles gravures, œuvres de votre père, où vous avez dû souvent attacher vos yeux attendris, en vous reportant par la pensée auprès de lui, dans sa modeste retraite...

— Oui, sans doute — dit Berthe avec distraction ; — mais, mon Dieu, qu'ai-je donc ? je ne sais pourquoi mes idées roulent dans un cercle sinistre. Savez-vous à quoi je pense à toute heure ? aux tentatives de meurtre auxquelles vous avez si miraculeusement échappé... Ne savez-vous donc rien de nouveau ? avez-vous pu découvrir l'auteur de ces criminelles tentatives ?

M. de Hansfeld tenait à ce moment un volume des *Ballades* de Victor Hugo et ouvrait curieusement le livre à une page marquée par Berthe.

Il retourna à demi la tête, sans fermer le livre, et dit à la jeune femme avec un sourire d'une étrange sérénité :

— Je crois connaître... ce... meurtrier... Et il ajouta : — Quel plaisir de lire les lignes où vos yeux se sont arrêtés... ma sœur !

— Vous le connaissez ?... s'écria Berthe.

— Je le crois... Vous avez passé la journée d'hier et celle d'aujourd'hui avec cette homicide personne.—Puis s'interrompant encore :—Que je suis aise que vous partagiez mon admiration pour cette ravissante ballade la *Grand'mère*... une des plus touchantes inspirations de l'illustre poëte... Vous avez, entre autres, souligné ces vers, d'une naïveté enchanteresse, que j'aime autant que vous les aimez...

Berthe croyait rêver en voyant le sang-froid du prince. — Que dites-vous ? — reprit-elle — j'ai passé la journée d'hier et d'aujourd'hui avec...

— Avec une meurtrière... Oui... Mais écoutez, que ces vers sont adorables... Pauvres petits enfants!

> Tu nous trouveras morts près de la lampe éteinte;
> Alors que diras-tu? Quand tu t'éveilleras,
> Tes enfants à leur tour seront sourds à ta plainte.
> Pour nous rendre la vie....

— Grand Dieu! s'écria Berthe, en interrompant Arnold; — mais c'est donc votre femme qui est coupable de ces tentatives de meurtre? Pourtant vous nous aviez dit...

— Ce n'est pas ma femme, — reprit le prince en replaçant le livre sur la tablette; — mais c'est, si je ne me trompe... son âme damnée... cette jeune fille au teint cuivré...

— Iris!...

— Iris... j'en suis même à peu près sûr.

— Et votre femme?

— Ignorait tout .. j'aime à le croire.

— Et vous gardez ce monstre auprès de vous, dans votre maison? Mais si elle renouvelait ses tentatives?

14.

— Eh bien! — dit Arnold avec un sourire à la
fois si mélancolique, si calme et si doux, que les
yeux de Berthe se mouillèrent de larmes.

— Comment, eh bien! s'écria-t-elle; — et
si...; mais cette idée est horrible...

— Si elle recommençait ses expériences, ma
chère sœur..., et qu'elle réussît, je lui en saurais
gré.

— Que dites-vous?

— Franchement, quelle est ma vie désormais?
Pendant ces quelques jours passés près de vous,
l'ivresse du présent m'empêchera de songer à l'a-
venir; mais après? De deux choses l'une..., ou
nous serons heureux... malgré votre indifférence pour votre mari, mon bonheur vous coûtera
tant de larmes... tant de remords..., noble et loyale
comme vous l'êtes, que mon amour vous causera
autant de chagrins que les cruautés de votre
mari... Si, au contraire, les circonstances nous forcent de nous séparer, que restera-t-il? l'oubli!!!
Malgré les serments de se souvenir toujours, hélas! il y a quelque chose de plus horrible que la
mort de ceux que nous aimons... c'est l'oubli de
cette mort! Vous le voyez... quel avenir! Avec
vous, il n'y en aurait eu qu'un de possible pour
votre bonheur et pour le mien... c'était de vous
épouser... Mais c'est un rêve! eh bien! ne vaut-il
pas mieux que cette bonne et prévoyante bohémienne soit là comme une providence mortuaire,
et qu'elle fasse de moi ce que, je l'avoue, je n'au-

rais peut-être pas le courage de faire moi-même...
quelque chose qui a vécu !...

— Oh! ce que vous dites est affreux ; mais dans
quel but, mon Dieu, commettrait-elle ce crime ?

— Que sais-je ? je ne lui ai jamais fait de mal...
je l'ai toujours comblée... Mais les bohémiens sont
si bizarres !... Une superstition... un rien... que
sais-je ! La pauvre enfant se donne bien du mal
peut-être pour machiner son coup, tandis qu'après
ces huit jours, bien entendu, je serais très disposé
à faire la moitié du chemin.

A ce moment, la porte se ferma brusquement.

Berthe poussa un cri de frayeur.

— Cette porte... qui la ferme ?

— Le vent... — dit Arnold.

La clef tourna deux fois dans la serrure.

— On nous enferme — s'écria Berthe.

Arnold courut à la porte, l'ébranla ; ce fut en
vain.

— Mon Dieu! je suis perdue... La nuit est
presque venue... et enfermée avec vous au bout
de ce parc...

— Mais la fenêtre... — s'écria Arnold.

Il y courut.

— Il regarda. Il ne vit personne.

Il voulut la briser... Impossible. Le treillis de
plomb était si serré qu'il courbait, mais qu'il ne
cassait pas ; et puis cette fenêtre était à châssis
fixe et immobile. Celle qui éclairait la porte du
fond avait le même inconvénient.

Mon Dieu! ayez pitié de moi! — dit Berthe en tombant agenouillée.

---

# CHAPITRE XXIII.

## LE DOUBLE MEURTRE.

Iris, cachée dans le taillis, avait suivi Berthe et Arnold depuis le commencement de leur entretien jusqu'à leur entrée dans le chalet.

De grands massifs de buis et de houx dérobaient la bohémienne aux regards de ceux qu'elle épiait. C'était elle qui avait mis sur pied et fait bondir le chevreuil qui avait franchi l'allée devant Berthe. Après s'être approchée peu à peu du pavillon, Iris ferma la porte à double tour, et triomphante alla retrouver M. de Brévannes, qui l'attendait à une assez grande distance.

Si le hasard n'eût pas servi le détestable dessein d'Iris en réunissant Berthe et Arnold, elle se servait de la ruse qu'elle avait projetée en attirant la jeune femme dans le pavillon sous le prétexte de lui faire rencontrer Pierre Raimond.

M. de Brévannes était armé d'un fusil à deux coups et vêtu d'un costume de chasse; le choix de son arme éloignait toute idée de préméditation, rien de plus naturel que sa conduite. En rentrant de la chasse, il surprenait *chez lui* sa femme et M. de Hansfeld, renfermés dans un pavillon écarté à la nuit tombante. Il les tuait.

Qui pourrait dire qu'il n'y avait rien de coupable dans leur entretien ?

Personne...

Qui pourrait dire que la porte était fermée en dehors ?

Personne...

Malgré sa résolution, M. de Brévannes frémit à la vue d'Iris.

Le moment décisif était venu.

La bohémienne dissimula sa joie féroce, et lui dit avec un accent de douleur profonde :

— Je les ai suivis à leur insu, ainsi que je faisais d'après vos ordres depuis leur arrivée ici. Ils se parlaient bas ; leurs lèvres se touchaient presque... *Lui* avait un bras passé autour de la taille de votre femme. Tout à l'heure ils sont entrés ainsi dans le chalet ; alors j'ai fermé la porte... et je suis venue...

M. de Brévannes ne répondit rien.

On entendit seulement le bruit sec des deux batteries de son fusil qu'il arma, et ses pas précipités qui bruirent sur les feuilles sèches dont l'allée était jonchée.

La nuit était sombre.

Il lui fallait environ un quart d'heure pour arriver au pavillon.

Nous devons dire qu'à ce moment cet homme était autant poussé au meurtre par les fureurs de la jalousie que par le calcul atroce et insensé de tuer M. de Hausfeld afin d'épouser ensuite sa veuve... Il croyait Berthe et le prince coupables.

En ce moment M. de Brévannes était ivre de rage ; le sang lui battait aux tempes.

Après une assez longue marche, il aperçut au bout de l'allée les faibles lueurs que jetait le feu allumé dans la cheminée du chalet à travers la fenêtre treillagée de plomb.

Il hâta le pas.

La pluie et le givre tombaient à torrents.

A mesure qu'il approchait du pavillon, il se sentait tour à tour baigné d'une sueur froide ou brûlant de tous les feux de la fièvre.

Enfin... il arriva, marchant légèrement et avec précaution : il approcha l'œil des carreaux verdâtres.

A la lueur expirante du foyer, il reconnut l'espèce de manteau blanc à capuchon que Berthe portait ordinairement.

Assise sur un divan, la jeune femme lui tournait le dos ; elle appuyait ses lèvres sur le front d'un homme agenouillé à ses pieds qui l'entourait de ses deux bras.

Par un mouvement plus rapide que la pensée, M. de Brévannes ouvrit la porte, entra, appuya le canon de son fusil entre les deux épaules de sa victime et tira.

Elle tomba sans pousser un cri sur l'épaule de celui qui la tenait embrassée.

— Maintenant à vous, beau prince, coup double!... — s'écria M. de Brévannes en dirigeant le canon de son fusil sur le crâne de l'homme qui tâchait de se relever.

Au moment où il allait tirer, la porte de la seconde chambre du chalet s'ouvrit violemment derrière lui.

Quelqu'un qu'il ne voyait pas lui saisit le bras, détourna le fusil et l'empêcha de commettre un second crime. M. de Brévannes se retourna et vit... M. de Hansfeld!

A ce moment, l'homme agenouillé devant la femme se releva, se précipita sur M. de Brévannes en criant :

— Assassin !

— M. de Morville ! — s'écria M. de Brévannes en reconnaissant ce dernier à la lueur d'un jet de flammes.

— Tu as tué madame de Hansfeld, assassin ! — répéta M. de Morville.

M. de Brévannes recula d'un pas, tenant toujours son fusil à la main ; ses cheveux se dressaient de terreur. Il se précipita vers la femme dont le corps avait glissé à terre, mais dont la tête reposait sur le sofa...

Il reconnut Paula.

En s'apercevant de cette sanglante méprise, qui le rendait coupable d'un assassinat que rien ne pouvait excuser, en trouvant M. de Morville auprès de la femme dont il se croyait passionnément aimé, un vertige furieux saisit M. de Brévannes; il poussa un éclat de rire féroce et disparut.

Le prince, M. de Morville, bouleversés par cette scène horrible, ne s'opposèrent pas à son départ.

Quelques secondes après, on entendit une déto-nation.

M. de Brévannes venait de se tuer.

***

## CHAPITRE XXIV.

### EXPLICATION.

Il nous reste à expliquer l'arrivée de M. de Mor-ville au château de Brévannes, et sa présence, ainsi que celle de Paula dans le chalet, où se trouvaient Berthe et Arnold un quart d'heure auparavant.

M. de Morville avait appris par madame de Lor-moy, sa tante, que Paula était subitement partie avec son mari pour la Lorraine, au milieu de l'hi-ver, pour aller passer quelque temps chez M. de Brévannes.

M. de Morville ignorait complétement que Paula connût M. de Brévannes; ce départ si subit, si

extraordinaire en cette saison, annonçait une intimité bien grande. De plus, il se souvenait de quelques mots, de quelques réticences de Paula lors de
sa dernière entrevue avec elle au bal masqué. Il
se crut sacrifié, trahi, ou plutôt il ne put trouver
une raison plausible au départ de Paula ; sa raison
se perdit. Au risque de compromettre Paula par
l'invraisemblance du prétexte de son voyage, il
partit pour la Lorraine, décidé à parler à tout prix
à madame de Hansfeld et à éclaircir ce mystère.

Il arriva en effet sur les quatre heures du soir, fit
arrêter sa voiture à la grille du parc qui avoisinait
le chalet, ainsi que nous l'avons dit, et envoya
son domestique à madame de Hansfeld avec ces
mots :

« Madame,

« Par suite d'un pari avec ma tante, madame de
Lormoy, qui, surprise de votre brusque départ
et assez inquiète sur votre santé, désirait vivement
savoir de vos nouvelles, j'ai gagé que je viendrais
m'en informer auprès de vous, et que je retourne-
rais à l'instant à Paris rassurer madame de Lormoy. Si vous êtes assez bonne pour vous intéresser
à mon pari, veuillez me le faire savoir. N'ayant pas
l'honneur de connaître M. de Brévannes, et ayant
promis de ne pas même descendre de voiture,
j'attends votre réponse à la grille du parc. »

Paula reçut ce billet au moment où elle rentrait
de la promenade. Il pleuvait. Prendre à l'instant

le premier manteau venu (ce fut celui de Berthe,
il se trouvait dans un vestibule), courir auprès de
M. de Morville, tel fut le premier mouvement de
Paula.

Au milieu de ses terribles angoisses, elle voulait
à tout prix éloigner M. de Morville d'un lieu où
pourrait se passer un événement si tragique.

M. de Morville descendit de voiture à la vue de
Paula, entra dans le parc, prit son bras et lui fit
de tendres reproches sur son départ si brusque, la
suppliant de lui expliquer cette détermination si
bizarre.

Craignant d'être rencontrés dans le parc, quoique la nuit commençât à venir, Paula conduisit,
tout en marchant, M. de Morville vers le pavillon
où se trouvaient enfermés Berthe et M. de Hansfeld.

En entendant ouvrir la porte, Berthe, par un
mouvement de frayeur involontaire, se réfugia
dans la seconde pièce du pavillon ; Arnold la sui-
vit et put, en entendant le rapide entretien de
M. de Morville et de Paula, s'assurer que du
moins Paula n'avait jamais oublié ses devoirs.

M. de Morville, rassuré par les plus tendres protestations de Paula qui le pressait de partir, venait
de lui demander un seul baiser sur le front... lorsque M. de Brévannes la tua, trompé par l'obscurité, par le manteau de Berthe, et surtout par la
conviction qu'il avait de la présence de celle-ci
dans le pavillon.

On retrouva, le lendemain, le châle d'Iris flottant sur un des étangs.

On se souvient que M. de Morville avait dit à Paula qu'un serment sacré le forçait de fuir toutes les occasions de la voir.

C'était encore une machination d'Iris.

Jalouse de ce nouvel attachement de sa maîtresse, elle était allée trouver madame de Morville, lui avait fait un effrayant tableau de la jalousie cruelle et soupçonneuse du prince de Hansfeld, capable, dit-elle, de faire tomber M. de Morville dans un sanglant guet-apens s'il s'occupait plus longtemps de la princesse.

Madame de Morville, épouvantée des dangers que courait son fils, lui fit jurer, sans lui découvrir la cause de son effroi, de ne plus songer à madame de Hansfeld à moins que celle-ci ne devînt veuve. M. de Morville, quoique ce serment lui coûtât beaucoup, vit sa mère qu'il adorait, si émue, si suppliante, elle était d'une santé si chancelante, qu'il sentit que la refuser serait lui porter un coup terrible, peut-être mortel. Il céda... il promit.

. . . . . . . . . . . . . . . . . . . .

Dix-huit mois après ces événements, Berthe Raimond, princesse de Hansfeld, partit avec Arnold et le vieux graveur pour habiter l'Allemagne, où ils se fixèrent tous trois.

FIN.

# TABLE DES CHAPITRES.

## DEUXIÈME PARTIE.

## TROISIÈME PARTIE.

FIN DE LA TABLE.

IMP. DE GUSTAVE GRATIOT, RUE DE LA MONNAIE, 11.